学校の「いじめ」への対応とその予防方法

「生徒指導」と「特別活動」の視点から

林 尚示 著

培風館

本書の無断複写は，著作権法上での例外を除き，禁じられています．
本書を複写される場合は，その都度当社の許諾を得てください．

著者序文

　「いじめ」の問題は，大学教育では教育学部の「生徒指導」に関する科目などで取り扱われている。
　「いじめ」の問題が各学校で一般化している今日の状況のなか，筆者は2013年の春学期に，東京学芸大学における「生徒指導論特講」や「特別活動論特講」などの授業で「いじめ」の事例を取りあげ，将来教師を目指す学部学生や大学院学生とともに解決策を模索してきた。本書は，教員養成大学の教師という立場から「いじめ」の問題を振り返り，生徒指導論と特別活動論の視点から「いじめ」の予防策についての考察をまとめたものである。
　「いじめ」が世間に表面化することはほとんどないのが現実である。そのため，本書では，新聞に報道された「いじめ」を事例として取りあげている。しかし，「いじめ」を受け結果として自ら命を絶つまで至ってしまった事例をみることは，誠に残念でならない。なんとかして「いじめ」を予防し，児童生徒が生き生きと学校生活を送ることができるように教師は努めなければならないとあらためて考える。近時，「いじめ防止対策推進法」（2013年9月28日）が施行され，国全体でも「いじめ」防止のための手立てがとられはじめている。
　本書は，学校現場で「いじめ」に教師がどのように取り組んできたのか，そしてどのように取り組むことができるのかということを中心に紹介している。これは，児童生徒の保護者に対して，学校の教育活動は教科指導についてのみ詳細に情報提供されており，「いじめ」などそれ以外の指導の部分が充分には伝えきれていないのではないかという課題意識があったからである。
　学校では，教師は学習指導とともに生徒指導や進路指導を行っている。学習指導のなかにも，教科指導のみではなく教科外の「特別活動」などの学習がある。学習指導以外でも，児童生徒の学校での生活についての「生徒指導」や将来の生き方に関する指導をしている。このような幅広い指導を教師が適切に実施することが，「いじめ」の予防につながっていくと考えられる。

一方で，学生や若手の教師のなかには，大学で生徒指導論や特別活動論は学習しても，教育現場での様々な出来事との関連を意識的に考える機会が少ないことも現実である．そのため，本書では，生徒指導論や特別活動論の理論的側面を生かしつつ，具体的な事例についてどのように対応できるかという視点から論を進めている．それは，学生や若手の教師が，実践的指導力を充分に発揮できる教師として，児童生徒および保護者の期待に応えていただきたいからである．

なお，事例の分析に際し，生徒指導論の視点と特別活動論の視点については，次の図書の成果に準拠して検討している．

・林 尚示・服部伴文・村木 晃『ワークシートで学ぶ生徒指導・進路指導の理論と方法』春風社，2013年
・林 尚示編著『教職シリーズ5 特別活動』培風館，2012年

本書が，教師を目指す学生や学校で教鞭をとる先生方にとって少しでも役立つものとなれば，著者としてこれに勝る喜びはない．最後に，本書出版のきっかけを与えて，執筆作業をサポートしていただいた培風館編集部の岩田誠司氏に厚く御礼申し上げる次第である．

2014年4月1日

著者　林　尚示

目 次

1章 学校における「いじめ」 ——————————— *1*

1-1 「いじめ」とは　　1
- 1-1-1 文部科学省の「いじめ」の定義　1
- 1-1-2 広義の「いじめ」　2
- 1-1-3 「いじめ」のもたらすもの　2

1-2 「いじめ」への様々な取組み　　3
- 1-2-1 文部科学省　3
- 1-2-2 国立教育政策研究所　4
- 1-2-3 いじめ防止対策推進法　4
- 1-2-4 学校や教育委員会　6
- 1-2-5 教師の取組み　7
- 1-2-6 みえてきた問題点・課題　7

1-3 「いじめ」解決のために　　9
- 1-3-1 日ごろからの予防策　9
  - (a)「いじめ」の学問的背景からみた指導
  - (b) いじめ被害者の特性の類似性といじめ者への指導
  - (c) 学級崩壊
  - (d) 当事者意識の弱い児童生徒への指導
  - (e) 不適切な指導
  - (f) 児童生徒のストレスチェック
  - (g) 労災認定基準を応用した児童生徒のみとり
  - (h) 国際化社会での指導
  - (i) 命を大切にするための指導・自殺予防
  - (j) 保護者との連携・協力
- 1-3-2 「いじめ」がわかったときへの対応　19
  - (a) 児童生徒理解と早期発見・早期対応
  - (b) 他機関との連携
  - (c) 不登校への対応
  - (d) 退学などの懲戒
  - (e) 背景調査

1-3-3 生徒指導・特別活動を通しての対応　24
　　　(a) 教育相談
　　　(b) 学級活動での生徒指導
　　　(c) クラブ活動・児童会活動の活用
　　　(d) 学校行事の活用

2章　事例とその解説 ― 31

事例1（2013年）　32
1）生徒指導の視点からの検討　33
　　(a) 保護者からの教育相談／ (b) 部活動顧問教師の生徒指導／
　　(c) 学校経営計画との関連／ (d) 校内研究との関連
2）特別活動の視点からの検討　35
　　(a) 学級活動での指導／ (b) 生徒会活動での指導／
　　(c) 学校行事での指導／ (d) 部活動での指導

事例2（2012年）　38
1）生徒指導の視点からの検討　39
　　(a) たばこの所持について／ (b) 殴る蹴るの暴行について
2）特別活動の視点からの検討　40
　　(a) ホームルーム活動での指導／
　　(b) 「適応と成長及び健康安全」を活用した指導／
　　(c) 生徒会活動での指導／ (d) 学校行事での指導

事例3（2011年）　44
1）生徒指導の視点からの検討　46
　　(a) 生徒指導体制／ (b) 教師が行う教育相談
2）特別活動の視点からの検討　47
　　(a) 学級活動での対応／ (b) 中学校の学級活動の内容

事例4（2010年）　50
1）生徒指導の視点からの検討　52
　　(a) 給食指導
2）特別活動の視点からの検討　53
　　(a) 学級活動での生徒指導／
　　(b) 学級活動で活用できるグループ・アプローチ

事例5（2009年）　55
1）生徒指導の視点からの検討　56
　　(a) 「いじめ」としての特徴／ (b) 余暇指導／
　　(c) 危機管理と安全指導
2）特別活動の視点からの検討　58
　　(a) 特別活動での安全教育／

目　次　　　　　　　　　　　　　　　　　　　　　　　　　　　　　v

　　　　(b) ホームルーム活動での「生命の尊重」と「安全な生活態度の確立」／
　　　　(c) 学校行事での安全教育
　事例 6（2008年）　　　　　　　　　　　　　　　　　　　　　　　62
　　1）生徒指導の視点からの検討　63
　　　　(a)「ネットいじめ」／ (b)「いじめ」を受けた生徒の救済
　　2）特別活動の視点からの検討　64
　　　　(a) 学級活動との関連／
　　　　(b) 生徒会活動における「異年齢集団による交流」／
　　　　(c) 特別活動で人間関係を育成するトレーニング
　事例 7（2007年）　　　　　　　　　　　　　　　　　　　　　　　69
　　1）生徒指導の視点からの検討　70
　　　　(a) 恐喝未遂／ (b) 遺書らしきメモ／ (c) 同級生への借金／
　　　　(d) 自　殺
　　2）特別活動の視点からの検討　72
　　　　(a) ホームルーム活動での指導／ (b) 生徒会活動での指導／
　　　　(c) 学校行事での指導
　事例 8（2006年）　　　　　　　　　　　　　　　　　　　　　　　76
　　1）生徒指導の視点からの検討　77
　　　　(a) 遺書からみた「いじめ」／ (b) 教師の言動／
　　　　(c) 学校での組織的な生徒指導／ (d) 周囲の生徒への教育相談
　　2）特別活動の視点からの検討　79
　　　　(a) 学級活動—学級や学校における諸問題の解決—／
　　　　(b) 学級活動—思春期の不安や悩みとその解決—／
　　　　(c) 学級活動—主体的な進路の選択と将来設計—／
　　　　(d) 生徒会活動でよりよい学校生活づくり／
　　　　(e) 学校行事で安全な行動や規律ある集団行動の体得
　事例 9（2005年）　　　　　　　　　　　　　　　　　　　　　　　82
　　1）生徒指導の視点からの検討　83
　　　　(a)「いじめ」を放置しない生徒指導／ (b) 教育相談を機能させるために
　　2）特別活動の視点からの検討　84
　　　　(a) 学級活動での指導／ (b) 児童会活動・クラブ活動・学校行事での指導
　事例10（2004年）　　　　　　　　　　　　　　　　　　　　　　　86
　　1）生徒指導の視点からの検討　86
　　　　(a) 教師の適切性に欠ける対応／ (b) 不登校の女児の様子
　　2）特別活動の視点からの検討　88
　　　　(a) 学級活動での「心身ともに健康で安全な生活態度の形成」／
　　　　(b) 児童理解に基づいた学級経営

3章 まとめ —————————————— *89*

3-1 「いじめ」関連事例の検討　　　　　　　　　　　　　89
　　3-1-1 「いじめ」の様態と深刻度区分　　89
　　3-1-2 本書で対象とした「いじめ」の事例　　90

3-2 予防型の生徒指導の視点からの検討の小括　　　　　93
　　3-2-1 生徒指導の理念の啓発　　93
　　3-2-2 集団指導型生徒指導の充実　　94
　　3-2-3 個別指導型生徒指導の充実　　94

3-3 特別活動の視点からの検討の小括　　　　　　　　　95
　　3-3-1 学級活動・ホームルーム活動の充実　　95
　　3-3-2 児童会活動・生徒会活動の充実　　95
　　3-3-3 クラブ活動（部活動）の充実　　95
　　3-3-4 学校行事の充実　　96

3-4 おわりに　　　　　　　　　　　　　　　　　　　　96

いじめ防止対策推進法（概要）————————————— *98*
注釈／参照文献一覧 ————————————————— *100*
索　引 ——————————————————————— *107*

1章

学校における「いじめ」

1-1 「いじめ」とは

1-1-1 文部科学省の「いじめ」の定義

　「いじめ」の解決を図るためには，まずは，「いじめ」の定義を知る必要がある。「いじめ」とは世間一般で使用される言葉ではあるが，教育界では一定の定義がなされて使用されている。文部科学省は，小学校から高等学校までの児童生徒の状況把握のために学校を対象とした調査を行っている。その調査は「児童生徒の問題行動等生徒指導上の諸問題に関する調査」である[1]。文部科学省は毎年その調査結果を公表しているが，この調査で，「いじめ」を次のように定義している。

> 「いじめ」とは「当該児童生徒が，一定の人間関係のある者から，心理的，物理的な攻撃を受けたことにより，精神的な苦痛を感じているもの」とする。なお，起こった場所は学校の内外を問わない。

　文部科学省のこの定義では，児童生徒の「けんか」は「いじめ」から除かれている（「けんか」は暴力行為の数に入るために除かれる）。また，「一定の人間関係にある者」とは，同じ学校や学級，あるいは部活動の者の場合もあれば，その他，かかわっている仲間や集団（グループ）などの場合も含まれる。「攻撃」には，「仲間はずれ」や「集団による無視」など直接的にかかわるものである場合もあれば，悪口・陰口などのように心理的な圧迫などで間接的に苦痛を与えるものも含まれる。「物理的な攻撃」とは，身体的な攻撃以外にも，金品をたかられる場合や，金品を隠される場合も含まれる。

このように，文部科学省の調査で活用される定義は，対象が児童生徒に限定されること，いじめられたとする児童生徒の気持ちを重視することなどの特徴がある。

1-1-2 広義の「いじめ」

広義には，「いじめ」は，「苛め」や「虐め」という漢字をあてることもある。「苛」はいらいらさせることや厳しくむごいことなどを表現する。「虐」もむごい扱いを表現している。カタカナで「イジメ」と表記する場合もある。この場合は，一般的な用語と異なるシンボルとしての意図や世界の公用語であるかのような意図を連想させる。

英語ではブリー（bully），イル・トリート（ill-treat），トーメント（torment）などが当てられている。ブリーには「いじめっ子」や「ガキ大将」のニュアンスが加わる。イル・トリートには，人や動物を虐待するニュアンスが加わる。トーメントには語源がギリシャ語やラテン語の「ひねる」や「ねじる」であるため，「苦痛」や「拷問」のニュアンスが加わる。（アメリカなどでの「いじめ」はブリーが一般に用いられる。）

1-1-3 「いじめ」のもたらすもの

このように，「いじめ」は一般的にむごいこと，つまり，残酷であり無慈悲なことである。「いじめ」は，被害者に対して虐待，苦痛，拷問のような身体的または心理的状態をもたらすのである。

さらに，過去の事例では，「いじめ」によりもたらされる結果として，学校では，「いじめ」が児童生徒の不登校につながることもある。「いじめ」が児童生徒による恐喝につながることもある。不幸にして「いじめ」により児童生徒が自ら命をたつこともある。「いじめ」の加害者側が校則に反するという理由や当事者意識の欠如などの理由で退学になることもある。「いじめ」により児童生徒が所属感・連帯感をもつことができない学級やホームルームになってしまった場合など，学級崩壊やホームルーム崩壊につながることもある。このような一連の問題が，昨今の「いじめ」問題といえる。

「いじめ」は，不登校など学校で学ぶ意欲や安心して学習に専念する環境を破壊する。そのため，児童生徒個人に対しても日本の学校教育全体に対しても

望ましくはない様々な結果をもたらしているのである。

1-2　「いじめ」への様々な取組み

　「いじめ」を解決するために，日本全体で様々な取組みがなされている。そのなかでも，まずは，国レベルでの取組みについて把握したい。国レベルでは，文部科学省と国立政策研究所で積極的な対策がとられている。次に学校や教育委員会による取組みについてみていくことにする。

1-2-1　文部科学省

　(a)　文部科学省では，「いじめ」の被害者救済重視のため，2006年に「いじめ」の定義を変更している。新定義については先に示したが（p.1），旧定義では，

　　① 自分より弱い者に対して一方的に，
　　② 身体的・心理的な攻撃を継続的に加え，
　　③ 相手が深刻な苦痛を感じているもの，

という内容を含んでいた。

　2006年の定義の変更により，現在は，強弱関係がはっきりしない場合も，攻撃が継続的であると証明できない場合も，深刻な苦痛とは認定できない場合も，「いじめ」として対応している。なお，この前後の時期，「いじめ」に関しては文部科学省から教育長などに対して様々な通知が出され，「いじめ」への対策の周知徹底をはかっている。例をあげれば，2006年の「いじめの問題への取組の徹底について」，2010年の「いじめの実態把握及びいじめの問題への取組の徹底について」，2011年の「『いじめの問題への取組状況に関する緊急調査』の結果について」，2012年の「『いじめ，学校安全等に関する総合的な取組方針』について」などがある。そして，2013年9月には「いじめ防止対策推進法」が施行された。

　(b)　文部科学省は毎年「児童生徒の問題行動等生徒指導上の諸問題に関する調査」を実施している。そこでは，「いじめ」は，学校学年別に集計すると中学1年生でピークをむかえることが明らかとなっている。また，「いじめ」

を受けた児童生徒への対応としては，活用の頻度の差はあるものの，次のような対応策が現在一般に行われている．

　学級担任や他の教職員や養護教諭が状況を聞く，スクールカウンセラー等の相談員が状況を聞く，学級担任や他の教職員が継続的に面談しケアを行う，養護教諭が継続的に面談しケアを行う，スクールカウンセラー等の相談員が継続的にカウンセリングを行う，いじめを受けている児童生徒に別室を提供したり常時教職員がついたりするなどして心身の安全を確保する，緊急避難としての欠席，他の児童生徒に対し助力・支援を個別に依頼，学級担任や他の教職員等が家庭訪問を実施，グループ替えや席替え学級替え等，当該いじめについて，教育委員会と連携して対応，児童相談所等の関係機関と連携した対応（サポートチームなども含む），などである[2]．

　まずは教師は児童生徒に対して，事実確認のために「聞く」ことから始まり，対応策を考えてケアし，スクールカウンセラーなどによる専門的なカウンセリングへとつないでいくことになる．

1-2-2　国立教育政策研究所

　国立教育政策研究所では，2007年から2010年まで，「いじめ・暴力防止に関する指導方法の在り方についての調査研究」を実施している．ここでは，学校での「いじめ」防止の取組みについて検討している．その結果，「いじめ」の未然防止のためには，事後指導ではなく予防的な生徒指導を含めたマネジメントサイクルを強く意識しながら計画的に指導を実施することが成果につながるとしている．そして，この研究の成果により，「いじめ」を理解する資料，「いじめ」を予防する資料，「いじめ」を減らす資料などがまとめられている[3]．

1-2-3　いじめ防止対策推進法

　現在，「いじめ防止対策推進法」（2013年9月28日施行）が成立している．ここでは，その内容をみていく．

　まず，「いじめ」の定義が，文部科学省調査で活用されているものよりもより具体化している．

> 　第二条　この法律において「いじめ」とは，児童等に対して，当該児童等が在籍する学校に在籍している等当該児童等と一定の人的関係にある他の児童等が行う心理的又は物理的な影響を与える行為（インターネットを通じて行われるものを含む。）であって，当該行為の対象となった児童等が心身の苦痛を感じているものをいう。

　本法における「学校」とは，「学校教育法（昭和二十二年法律第二十六号）第一条に規定する小学校，中学校，高等学校，中等教育学校及び特別支援学校（幼稚部を除く。）をいう」としている。また，「児童等」については，「学校に在籍する児童又は生徒をいう」としている。そして，「保護者」については，「親権を行う者（親権を行う者のないときは，未成年後見人）をいう」としている。
　そして，本法の基本理念としては，次のように指摘されている（「いじめ防止対策推進法」第三条　基本理念）。

> 　いじめの防止等のための対策は，いじめがすべての児童等に関係する問題であることに鑑み，児童等が安心して学習その他の活動に取り組むことができるよう，学校の内外を問わずいじめが行われなくなるようにすることを旨として行われなければならない。

　「いじめ」は人権侵害につながり，学習環境を奪うものであるため，これまで以上に予防をしていくことが大切なのである。
　また，本法では，学校が重大な「いじめ」を認知した場合に，次に掲げる措置を実施することを義務づけている（「いじめ防止対策推進法」第二十三条　いじめに対する措置）。

> 　速やかに，当該学校の設置者又はその設置する学校の下に組織を設け，質問票の使用その他の適切な方法により当該重大事態に係る事実関係を明確にするための調査を行う。

　なお，「重大事態」とは次のような状態である。

1. いじめにより当該学校に在籍する児童等の生命，心身又は財産に重大な被害が生じた疑いがあると認めるとき。
2. いじめにより当該学校に在籍する児童等が相当の期間学校を欠席することを余儀なくされている疑いがあると認めるとき。

そして，重大事態について調査を行ったときは，次のように対処することとしている（「いじめ防止対策推進法」第二十八条　学校の設置者又はその設置する学校による対処）。

当該調査に係るいじめを受けた児童等及びその保護者に対し，当該調査に係る重大事態の事実関係等その他の必要な情報を適切に提供するものとする。

これまで，被害者側に調査結果が充分に知らされてこなかったことなど（事例3参照）について，この法律によって改善がはかられている。

1-2-4　学校や教育委員会

　一般的には，現在行われている「いじめ」への学校の対応・対策として，道徳教育の推進などがある。まず，小学校や中学校で週1時間実施している「道徳の時間」で他人を思いやる心や善悪の判断などの規範意識等の指導をしている。そして，学校教育の全体で道徳教育を実施することにより，いじめ問題などの予防・解決を図ってきた。

　また，都道府県教育委員会や市町村教育委員会でも「いじめ」への対策はとられてきた。教育委員会では，いじめ対策チームを組織して，スクールソーシャルワーカーやスクールカウンセラーを学校に配置している。また，学校への支援策として，「子どもの暴力防止プログラム（CAP）」などを実施する教育委員会などもある。

　以上のように，道徳教育の充実やスクールカウンセラーなどの人材の活用に加えて，学校の教師と保護者と連携することで「いじめ」を未然防止することを心がけている。

1-2-5　教師の取組み

　教師は担任するクラスに対して責任をもつ存在である。そのため，朝の会，帰りの会，学級活動，ホームルーム活動，休み時間での生徒指導など様々な機会とらえて児童生徒への指導をしている。そのなかには，「いじめ」の予防となる指導も含まれる。

　そして，中学校や高等学校では，校長の監督のもと，生徒指導主事という役割の教師を中心に生徒指導部を組織している。学校全体で生徒指導に取り組んでいるのである。それでも，学校で「いじめ」が起きている現状を考えると，再度，教師や保護者で「いじめ」の予防について検討する意義は大きい。

　さらに教師は，校内の生徒指導部を中心としていじめ対策をしたり，教育委員会主催の研修などで対応方法について学んでいる。例えば，東京都教職員研修センターは，2013年度に教職員・保護者向け夏季集中講座「いじめ問題への対応」[4]を開催し，教師や保護者に「いじめ」への対応方法を伝えている。学校でも，生徒指導の個別指導で「いじめ」の初期段階に対応したり，全校や学年での集団指導で「いじめ」の未然防止に取り組んでいる。

1-2-6　みえてきた問題点・課題

　過去の事例を通して「いじめ」に対する様々な取り組みを行うなかでみえてきた問題点は，「いじめ」は児童生徒個人の単位や家族の単位では必ずしも解決できるとは限らない，ということである。「いじめ」のきっかけとなると考えられる学級崩壊や教師の不適切な指導，また，「いじめ」が起こっている教室等の現場における当事者意識の弱い児童生徒への対応，さらに，はじめは対個人の問題であったものが，まわりをまき込み対集団の形に「いじめ」がなっていくことなどをいかに防ぐかなども，大きな問題点・課題である。

　しかし，学校でおこる「いじめ」は学校で解決しなければならない。そのために有効な手立ての一つは，教師からの児童生徒集団へのはたらきかけである。具体的には，学級活動やホームルーム活動を活用することや，生徒指導の場面を活用することなどが考えられる。これについては，第2章で事例を通して詳しくみていくことにする。

　さらに，保護者との協力のあり方も問題となる。本書で取りあげる2009年の高校生が水死した事例では，亡くなった高校生の保護者が証拠となる動画の

データを校長に提示している。この事例では，警察が関与しているため，学校としては警察の判断が出るまでは動けないという対応をとった。また，保護者には，警察と相談するようにアドバイスしている。この対応は理解できる面もある。しかし，警察が事故と判断していても，新たな根拠の発見によって事実究明が進むことが予見できる。そのため，保護者の意向を尊重して丁寧に学校の立場を説明しつつ，校長と保護者が事実究明に向けていかに連携して協力するかが大切である。

　一方で，学校や教師にできることとできないことがある。教師は保護者とは異なり，数十名の児童生徒を担任するため，特定の児童生徒のみの長時間の観察などはできない。そのため，学級やホームルームを単位とする集団指導によって「いじめ」の未然防止に心がけている。学校も，特定の児童生徒のみの長時間の観察などはできないのが現状である。そのため，全校での学校行事などで，所属感・連帯感などを高める工夫をしている。しかし，2012年の高等学校2年生の事例や2009年の高等学校1年生の事例など，「友人関係のもつれ」から「いじめ」が起こることもあり，2010年の小学校6年生の事例や2004年の小学校3年生の事例など，「仲間はずれ」が要因で不登校や自殺などにつながる「いじめ」も起こる。このことから，いかに児童生徒集団および児童生徒個々人に目を行きとどかせるかは大きな課題といえよう。

　さらに，児童生徒による「いじめ」行為の事後調査については各学校で実施しているものの，被害児童生徒の保護者に調査結果を速やかに開示していないことが多い。この情報開示の遅延が，被害児童生徒の保護者などから「学校の隠ぺい体質」と批判される事態になってきた。実際に，生徒のもつ情報，担任のもつ情報，他の教師のもつ情報，養護教諭のもつ情報，スクールカウンセラーのもつ情報，副校長のもつ情報，校長のもつ情報，教育委員会のもつ情報はそれぞれの断片的なものである。けっして隠ぺいしているのではないにしても，事後の捜査において警察のもつ情報と一致することは困難である。警察には捜査権があるが，学校は主として教育をする機関であるため，生徒を尋問することもできず，捜索して証拠を押収することはできない現状がある。そのため，学校や教師は，「いじめ」の未然防止に努めるとともに，速やかで透明性のある事後対応についてもこれまで以上に留意しなければならない（事例3参照）。

　このように「いじめ」は，児童生徒個人では解決しにくいため，複数の専門

家が連携して指導することを考えていかなければならない。

1-3 「いじめ」解決のために

1-3-1 日ごろからの予防策

(a) 「いじめ」の学問的背景からみた指導

「いじめ」をめぐる生徒指導については，従来，教育学，心理学，体育学，精神医学，社会学などの学問的背景から研究が進められてきた[5]。これまでの指摘として，神田光啓は「教育学，精神医学，臨床心理学等の学問の実践性が問われる諸分野のいじめを実践的に解決していく鍵概念の提唱が待たれているといえよう」[6]としている。さらに，臨床心理学からの少年期へのアプローチ，社会学からの4層構造によるアプローチ，体育学からの耐性育成のアプローチ，精神医学からの治療的なアプローチ，教育学からの学級経営的なアプローチなどがある[7]。これらをふまえ，例えば養護教諭，スクールソーシャルワーカー，スクールカウンセラーらと連携しつつ，特に生徒指導の充実による「いじめ」解決のアプローチが考えられる。それは，生徒指導が「教師からみれば学校教育を成り立たせるものであったり，児童生徒からみれば規律ある学校生活を保障してくれるものであったり，保護者からみれば安心して学校に子どもを通学させられる機能であったりする」[8]という特徴をもつものだからである。

(b) いじめ被害者の特性の類似性といじめ者への指導

「いじめ」の被害者側の児童生徒である被いじめ者は，気が弱くて，おとなしく，素直・内気で積極性が乏しく，集団のなかでは何らかの理由で弱い立場に位置し，自己主張することが苦手なタイプ，すなわち，自分の行動を自分で決めるというより人の決めたことに従う人間[9]と，吉田嘉高と坂賀雅彦によって分析されている。いわば，自己指導能力の育成途上の段階の児童生徒である。このようなタイプの子供は少なくないので，教師は生徒指導を通して児童生徒に自己指導能力を育成していかなければならない。しかし，学級崩壊が阻害要因となり，教師の指導が充分な成果をもたらすに至らず，結果的に，自己指導能力の育成途上の段階の児童生徒が被害を受けていくのである。

一方，判例を根拠にした研究において，「いじめ」の加害者側の児童生徒で

あるいじめ者の特性の類似性についても指摘されている。具体的には「自己中心的思考」「欲求不満耐性の不足」をあげている[10]。吉田嘉高と坂賀雅彦が取り扱った研究における裁判所の複数の判例では，加害者側の児童生徒については，勢力を誇示することによりクラスメートから恐れられる，支配的に振舞う，教師に対する反抗的態度がみられる，弱い生徒に難癖をつける，親が注意しても聞き入れない，被害の訴えに立腹する，などの行動や態度が指摘されている。

　これらのことに留意し，生徒指導の視点からは，「自己中心的思考」から他の児童生徒の人格を尊重できる方向への指導が必要である。「欲求不満耐性の不足」には，社会的資質を高める方向への指導が必要である。特定の特徴をもつ児童生徒への個別指導とともに，教師は学級の児童生徒に対して，集団指導の面からも児童生徒の自己中心性の低減と，欲求不満耐性の強化に努めたい。

(c) 学級崩壊

　上で述べたように，吉田と坂賀による「いじめ」の判例を分析した研究によると，被いじめ者やいじめ者には，それぞれ類似した性格や特性があることが示されている。このことに留意して，教師は児童生徒とかかわっていくとよい。いわゆる学級崩壊の状況になると教師の指導助言が児童生徒に対して充分に効力を発揮できないため，「いじめ」も起きやすい。

　学級崩壊は，学級生徒の人間関係に起因することでもある。そのため，担任の教師一人の力で崩壊した学級を再構築することは困難であろう。学年や学校全体の視野からのマネジメントが必要である。

(d) 当事者意識の弱い児童生徒への指導

　「いじめ」は，いじめている側と「いじめ」を受けている側の児童生徒だけの問題ではない。学級やホームルームは多数の児童生徒で構成されている。そのなかには，「いじめ」を助長する発言をする児童生徒がいる。また，「いじめ」を積極的には止めずに無関心を装う児童生徒がいる。これらの関係のなかで「いじめ」が深刻化する[11]（事例1参照）。

　具体的には，いじめられている児童生徒の立場では，「いじめ」を黙認する児童生徒は，正義感に欠け，「いじめ」から救ってくれる意思のない児童生徒とうつる。そして，一人だけ見捨てられたような気持ちになる。このような気

持ちにさせないようにするためには，特別活動などを活用して，クラスの連帯感を高めていく指導が意味をもつ。このような指導ができれば，2005年の事例のように小学校6年生女児が亡くなることもなかったろう。

　毎日新聞の「新教育の森」[12]に紹介されたかつての同級生たちの「俺たち，何もしていないのに悪くなっている」というコメントは，まさに救済の行為にいたらずに無関心を装っている状態を表している。「いじめ」をする児童生徒と「いじめ」を受ける児童生徒の関係を改善するはたらきかけができないことも，望ましくないことである。つまり，「なにもしていない」ということが「悪い」という評価につながることがある。

　当事者意識を学級の児童生徒にもたせるためには，生徒指導では集団指導を積極的に展開するとよい。具体的には，遠足など学年で行う教育活動で所属感や連帯感を高めることができる。また，教師側では，学級での授業時よりも，遠足のような長時間行動をともにする教育活動のほうが，児童生徒の人間関係を把握しやすい。そのため，遠足のような集団活動型の教育を生徒指導の集団指導の機能をもつものと認識して指導することがいじめ予防につながるといえよう。

(e)　不適切な指導

　教師は，例えば文部科学省の『生徒指導提要』や『小学校学習指導要領』『中学校学習指導要領』『高等学校学習指導要領』などに準拠した指導を行えば，指導の方法を大きく誤ることはない。しかし，独自の経験則や根拠の不明な伝聞等から指導方針を立てた場合，不適切な指導になることがある。事例8にもあるように，不適切な指導が児童生徒間の「いじめ」を助長してしまうことがある。さらに，児童生徒理解のためにも，相談しやすい雰囲気づくりも必要といえよう。

　ここで，全国で2012年度に指導が不適切な教師として認定された件数を紹介する（表1）。人数としては計149人と全教師に占める比率は小さいものの，複数年継続する者や現場復帰できない者が多いこともわかる。そして，教師の病気休職の件数は表2のとおりである。

　平成24年を例にすると，病気休職者の内訳としては次のこともわかっている。精神疾患による休職者については，教師の構成比に比べて，40歳代以上

表1 指導が不適切な教員の認定者数等の状況（平成24年度）[13]

(単位：人)

都道府県 指定都市	認定者総数 (1＋2＋3)	うち，平成 24年度新規 認定者	1 平成24年度に研修を受けた者							2 研修受講予定者 のうち，認定後， 研修を受講する ことなく別の措 置がなされた者	3 平成25年 度からの研 修対象者
			(1)現職 復帰	(2)依願 退職	(3)分限 免職	(4)分限 休職	(5)転任	(6)研修 継続	(7)その 他		
合 計	149	(69)	94	42	20	1	4	0	24	3	8	47
(参考) 平成23年 度合計	168	(73)	108	48	24	3	8	3	20	4	7	53
(参考) 平成22年 度合計	208	(87)	140	62	29	3	10	3	30	3	3	65

（文部科学省『平成24年度公立学校教職員の人事行政状況調査について』
http://www.mext.go.jp/component/a_menu/education/detail/__icsFiles/afieldfile/2013/12/18/
1342551_01_1.pdf （2013年12月24日確認）より引用）

表2 教育職員の病気休職者等について[14]

(単位：人)

都道府県 指定都市	20年度	21年度	22年度	23年度	24年度
合 計	5,400	5,458	5,407	5,274	4,960

（文部科学省『平成24年度公立学校教職員の人事行政状況調査について』
http://www.mext.go.jp/component/a_menu/education/detail/__icsFiles/afieldfile/2013/12/18/
1342544_03_1.pdf （2013年12月24日確認）より引用）

の割合が高い。精神疾患による休職発令時点での所属校における勤務年数については，精神疾患による休職者のうち，約半数が所属校勤務2年未満で休職が発令されている。精神疾患による休職者の休職発令後の状況については，精神疾患による休職者のうち，約4割が休職を継続し，約4割が復職している。

(f) 児童生徒のストレスチェック

特別活動では，人間関係能力を育成するために，グループ・アプローチ，構成的グループ・エンカウンター，ソーシャルスキル・トレーニング，アサーション・トレーニング，ピア・サポートなどを導入できる[15]。これらの活動を教育方法として活用して，児童生徒間の「望ましい人間関係」を形成していくことができる。

そして，児童生徒のストレスチェックも児童生徒理解のうえで重要であり，一般にでまわっている「ストレス診断チェックリスト」から診断することもで

きる。また，ストレス度を自律神経のバランスチェックから判定する装置も開発されている。

「いじめ」に限らず，誹謗中傷などの被害の程度が社会通念上我慢できるとされる限度である受忍限度を超えないようにするためにも，児童生徒のストレス度を教師は確認しておきたい。一般社会では，騒音や日照侵害などで受忍限度が問題となることがある。違法性が明確ではなくても受忍限度を超える騒音などは規制対象となるのが一般社会である。同様に考えると，学級内でも，からかいや悪ふざけなどについても，継続性や加害者の意図などから，被害者の受忍限度を超える場合は，早急な対応をする必要がある。

2003年の事例でも，教師の行動が児童に大きなストレスとなり，不登校に至っている。そのため，学校では児童のストレスチェックについて，これまでにも増して敏感に取り組んでいくとよい。

(g) 労災認定基準を応用した児童生徒のみとり

先に述べたように，教師の病欠と，病欠に占める精神疾患の割合が問題となったことがある[16]。同様の内容について，厚生労働省でも2011年に認定基準を定めている。仕事によるストレスを業務による負荷として，それによる精神障害での労災請求が増えていることが背景にある。そのため，心理的負荷による精神障害や自殺の認定基準を厚生労働省が定めたのである[17]。

厚生労働省の認定基準をもとにして，「いじめ」による自殺の要因について考えると図1のようになる。

「学校による心理的負荷」には，いじめ体験，「いじめ」に起因する学業上の失敗，「いじめ」に関する過重な責任感などがある。「学校以外の心理的負荷」としては，「いじめ」に関する自分の出来事，「いじめ」に関する家族・親族の出来事，「いじめ」に関する金銭関係，そして，「個体側要因」としては，「いじめ」のきっかけとなる過去の病歴および健康状態にかかわる記録（既往歴），社会適応状況などの生活史などがある。

ここで大切なことは，「いじめ」について学校以外の要因があることで教師が安心することではない。複合的な要因を意識して，心理的負荷を正確に把握することである。厚生労働省の認定基準では，仕事による心理的負荷を「弱」「中」「強」の三段階に設定している。厚生労働省は「業務による心理的負荷評

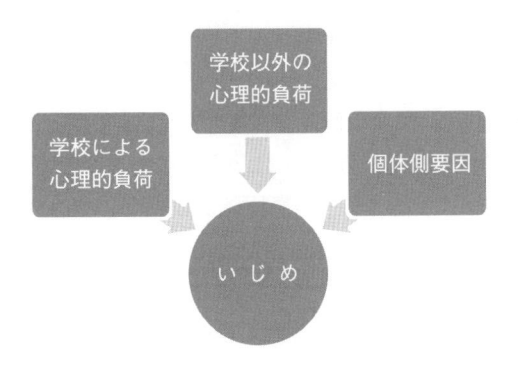

図1　いじめの様々な要因

価表」としているが，これを学校生活用にアレンジすると，例えば表3のようになる。

　表3のようなチェックリストを作成しておくと，教師個人でも「いじめ」の早期発見をすることができる。「いじめ」は，まず学校による心理的負荷を制御することによって対応するようにしたい。2003年の事例のような状況に至るまえに，予防策として，表3を活用した児童理解が可能である。そして，学校以外の心理的負荷については保護者と連携していくとよい。また，個体側要因については児童生徒の自己理解と自己受容を図り，児童生徒が自己管理能力を高められるように指導したい。

　「いじめ」についての指導の際は，「いじめられている児童生徒に非はないこと」「いじめは許さないこと」「いじめられている児童生徒を必ず守る」ことが前提となる。この前提をふまえて，担任の教師は，心理的負荷の視点から指導を模索するとよい。例えば，定期的に児童生徒にストレスチェックして，児童生徒が自分自身でストレスマネジメントできるように，学級活動やホームルーム活動を利用したい。

表3　学校生活による心理的負荷評価表の例

	具体的な出来事	弱	中	強
1	（重度の）病気やケガをした			
2	悲惨な事故や災害の体験，目撃をした			
3	学校で重大な事故を起こした			
4	学級経営に影響する重大なミスをした			
5	学級での出来事について責任を問われた			
6	友達からから違法行為を強要された			
7	生活目標が達成できなかった			
8	困難な係の担当となった			
9	友達から無理な要求を受けた			
10	友達からクレームを受けた			

(h) 国際化社会での指導

　国際化の影響について考えさせられる事例もみられるようになった。2010年の事例は，いじめの被害にあった児童が転校生であり，母親が外国籍であった事例である。

　吉田嘉高と坂賀雅彦が，過去のいじめ・自殺の判例を分析した結果の報告では，①「金を取り上げる」，②「こき使う（使役）」，③「教員や親にいじめの相談をすることを禁止する」，④「友達を作らせない（ひとりぼっちにする）」，⑤「殴る蹴る等の暴行をする」の5類型の定型行為を指摘している[18]。

　この定型行為5類型のなかでは，この2010年の事例は，「友達を作らせない（ひとりぼっちにする）」が中心となる事例であった。たとえ「金を取り上げる」「こき使う（使役）」「殴る蹴る等の暴行をする」がなかったとしても，ひとりぼっちにさせるという「いじめ」が深刻な事態に至る可能性があることを示す事例ととらえられる。では，どうすればよいかといえば，教師が個々の児童の状況だけでなく，児童相互の関係に留意する必要があろう。さらに国際化への対応として，偏見をなくし一人ひとりの人権を意識した教育が求められているといえよう。

(i) 命を大切にするための指導・自殺予防

「いじめ」は人権侵害につながるとともに児童生徒の自殺につながる場合がある。文部科学省は，児童生徒の自殺について調査をしており，図2の結果となっている[19]。

特徴としては，高等学校段階で自殺が多く，小学校段階では相対的に少ない。なお，この年度の自殺した児童生徒に占める「いじめ」の問題は小学校0人，中学校4人，高等学校0人である。この調査での「いじめ」とは，「いじめられ，辛い思いをしていた。／保護者から自殺した児童生徒に対していじめがあったのではないかとの訴えがあった。／自殺した児童生徒に対するいじめがあったと他の児童生徒が証言していた。」等のことである。

「いじめ」による自殺が新聞やニュースで報道されることがある一方で，報道はされないが，「いじめ」による生徒の自殺があることも考えながら，どの学校でも「いじめ」は起きるという意識をもって児童生徒や保護者とかかわるようにしていかなければならない。

したがって，自殺予防は，学校での教師の児童生徒についての危機管理のうえからも重要な内容である。学校から報告のあった小学生，中学生，高校生の自殺について文部科学省が統計を公表している。それによると，過去38年間で最大の年は1978（昭和54）年の380人，最少の年は2005（平成17）年の103人である[20]。さらに文部科学省の調査では，自殺した児童生徒のおかれてい

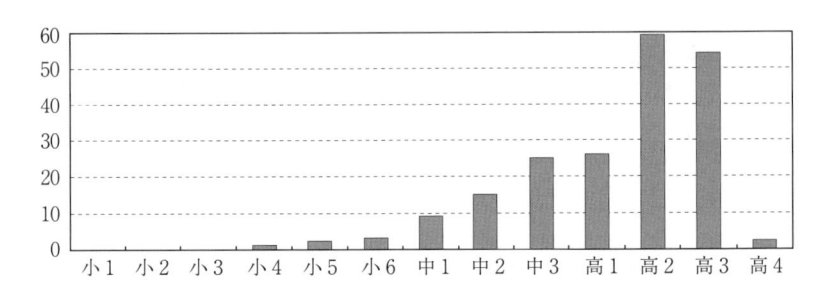

図2　平成24年度の学年別児童生徒の自殺の状況
（文部科学省『平成24年度「児童生徒の問題行動等生徒指導上の諸問題に関する調査」結果について』．http://www.mext.go.jp/b_menu/houdou/25/12/__icsFiles/afieldfile/2013/12/17/1341728_02_1.pdf　（2013年12月24日確認）より引用）[21] 高等学校の定時制課程や通信制課程の修業年限は3年以上であるため「高4」もある。

た次のような状況が明らかとなっている。

- 父母や兄弟等との関係がうまくいかずに悩んでいたなどの「家庭不和」。
- 父母等から叱られ落ち込んでいたなどの「父母等の叱責」。
- 成績が以前と比べて大幅に落ち込んでいた，授業についていけず悩んでいたなどの「学業不振」。
- 卒業後の進路について悩んでいた，受験や就職試験に失敗した，面接等で志望校への受験が困難である旨を告げられたなどの「進路問題」。
- 学級担任との関係がうまくいかずに悩んでいた，教職員から厳しく叱責を受けていたなどの「教職員との関係での悩み」。
- 友人と喧嘩をし，その後，関係がうまくいかずに悩んでいた，クラスになじむことができずに悩んでいたなどの，いじめを除く「友人関係での悩み」。
- いじめられ辛い思いをしていた，保護者から自殺した児童生徒に対していじめがあったのではないかとの訴えがあった，自殺した児童生徒に対するいじめがあったと他の児童生徒が証言していたなどの「いじめの問題」。
- 病気や病弱であることについて悩んでいたなどの「病弱等による悲観」。
- 世の中を嫌なもの，価値のないものと思って悩んでいたなどの「厭世(えんせい)」。
- 異性問題について悩んでいたなどの「異性問題」。
- 精神障害で専門家による治療を受けていたなどの「精神障害」。
- 周囲から見ても普段の生活の様子と変わらず，特に悩みを抱えている様子も見られなかったなどの「不明」。

（文部科学省，2013）[22]

　特に，いじめられつらい思いをしていた，保護者から自殺した児童生徒に対していじめがあったのではないかとの訴えがあった，自殺した児童生徒に対するいじめがあったと他の児童生徒が証言していたなどの「いじめの問題」については，教師は敏感に意識して早急な対応をとりたい。
　2011年の事例については，文部科学省の自殺についての統計における児童生徒のおかれた状況調査において「いじめの問題」に該当する。自殺の前に周囲に自殺のサインを出すこともあり，希死念慮を保護者や教師に訴えることも

ある。自殺予防の観点からも，これらのサインに教師は敏感になり，児童生徒の内にある「死にたくない」という気持ちと，周囲の「生きていてほしい」という気持ちを確認することが大切である[23]。

また，2005年の事例では，教室で女子児童が自ら命をたった。このようなことが起きないように，学級活動を通して「いじめ」を防止するための方法を検討しなければならない。教師は児童が「キモイ」と言われていたり，周囲の児童と人間関係の構築に困難を抱えたりしている場面を知っていた場合，適切な指導をする必要がある。保護者からみれば，「学校はいじめを放置し，自殺を避ける義務を怠った」ということである。そのため，教師は保護者の気持ちも考慮に入れて教育をしなければならない。

(j)　保護者との連携・協力

「いじめ」の日ごろからの予防策を考えるためには，保護者との連携・協力は欠かせない。生徒指導上の理由から定期的に実施される全保護者対象の個人面談においては，家庭での児童生徒の様子を情報提供してもらい，学校での児童生徒の様子を伝えるといった連携をする。そして，「いじめ」につながるようなことが予見できた場合は，保護者と協力して予防していくとよい。児童生徒への個別指導が必要な場合は実施し，学級やホームルームへの指導が必要な場合には，学級活動，ホームルーム活動，朝の会，帰りの会などの時間を活用して指導をすることとなる。

教師にとっても，児童生徒の「いじめ」は深刻な問題であるが，保護者にとって，わが子の「いじめ」はより深刻な問題である。教師は，児童生徒に対して安全な学習環境を維持するために，学級経営やホームルーム経営上の理由から，「いじめ」による児童生徒の不登校などを防ごうとしている。それに対して，保護者はわが子の現在と将来のために，「いじめ」がない学校を求めている。

このように，教師と保護者で視点は異なるものの，両者が協力することで「いじめ」は解決できるのではないだろうか。保護者にできることとしては，まず，学校での教師の生徒指導や特別活動などで行われる「いじめ」を防ぐ取組みを知ることである。逆に教師は，その活動を伝えていく。そして，集団で学ぶ意義について児童生徒とともに話し合うことであろう。さらに，PTA活動などでは，保護者と教師とが学校の児童生徒の学習環境についての自由な意

見交換の場を設けるとよい。望ましい集団活動を通した学校教育の実現のためには、教師の努力とともに、保護者から児童生徒へのはたらきかけも有効なのである。2009年のカメラ映像の事例や2013年の事例について考えても、学校のみではなく家庭との連携の必要性がわかる。

1-3-2 「いじめ」がわかったときへの対応
(a) 児童生徒理解と早期発見・早期対応

「いじめ」については、児童生徒理解と早期発見・早期対応が大切である。具体的には、生徒が自分からは「いじめ」を認めないケースでも、それは困難な状況に苦しんでいて声を上げられないこともある。また、「いじめ」を行う側の生徒も、「いじめ」という認識はなく、過剰な自己表現の一部だと考えている場合もある。

そこで、「いじめ」はどの学級でも起こる可能性があるという認識と、危機管理意識を教師がもつことが必要となる。早期発見については、

> 発達途上にある子どもたちの枠を超えてしまうエネルギーに対する、適切な懸念と危機管理の意識をもつことが、早期発見の基盤である。
>
> （芳賀明子, 2007年）[24]

との指摘がある。児童生徒は大きなエネルギーをもつ存在であるが、社会規範や人権感覚等の獲得が途上であるため、過剰な自己表現になってしまう場合もある。そのため教師は、児童生徒のサインに敏感になり、「いじめ」も早期に発見して解決を図ろうという意識で学級経営を行うとよい。

「いじめ」が疑われる状態について早期発見した場合でも、対応が遅れた場合は深刻な問題につながる。そのため、早期発見と早期対応はセットで考えるとよい。「いじめ」は、初期段階では、被害児童生徒が被害の深刻さと救済の申し出をしない場合が多々ある。しかし、「いじめ」としての根拠がそろわず、早期対応につながらないことも多い。そのため、教師は指導の前提として、できるだけ根拠をそろえる努力をすることが必要である。

2011年の事例などは、早期発見・早期対応が可能であった事例といえよう。この事例で、「担任は、男子生徒がプロレス技をかけられて半泣きになってい

るのに,『あんまりやりすぎるなよ』と声をかけて立ち去った」という行為について,教師側から考えると次のようにもなる。生徒どうしでプロレスごっこをすることは両者の合意があれば認められるが,怪我の予防の観点から,ごっこ遊びとしての限度を意識して遊んでほしい,との思いから選択した行動とも解釈できる。本事例では,第三者委員会が生徒56人から計95時間かけて自ら聞き取りを行い,「いじめ」を認定している。通常の生徒指導では,このような大規模な,そして長時間の聞き取りは一見困難であると考えられる。しかし,教師はこの規模の児童生徒と日常的に接しており,時間についてもこの規模の時間は児童生徒と共有している。そのため,日常の学校生活が,「いじめ」把握などの問題行動の早期発見のための観察であると考えたほうがよい。

(b) 他機関との連携

「いじめ」がわかった場合の連携先機関としては,警察や法務局などの刑事司法関係の機関,児童相談所などの福祉関係の機関,教育研究所(教育センター)などの教育相談に関する機関,NPO等その他地域の諸機関・諸団体がある。例えば,2012年の根性焼きの事例にあるように,「いじめ」についても被害届が出される。被害届は,被害を受けた者が警察などに告知するための届けであり,告訴や告発といった性質のものではない。被害届による申告があっても捜査が開始されるかどうかは警察の判断による。そのため,保護者は「いじめ」の事実認定ができるような根拠を用意して,明示的な根拠に基づいて被害届を出す必要がある。

(c) 不登校への対応

不登校とは,心理的要因,身体的要因,社会的要因などのため,児童生徒が登校できない状況をさしている。文部科学省の調査では,年間30日以上の欠席がある者を不登校としている。不登校は,中学生が多く,続いて高校生,小学生の順番である。中学校と小学校の不登校の人数を図3に示す。そして,不登校生徒が登校できるようになるために特に効果があった学校のとった措置は図4のようになる。(なお,図中のSCはスクールカウンセラーのことである。)

不登校児童生徒数の推移からは,不登校の問題が小学校や中学校においては2008(平成10)年以降高止まりしていることがわかる。小学校では304人に

1-3 「いじめ」解決のために　　　　　　　　　　　　　　　　　　　　21

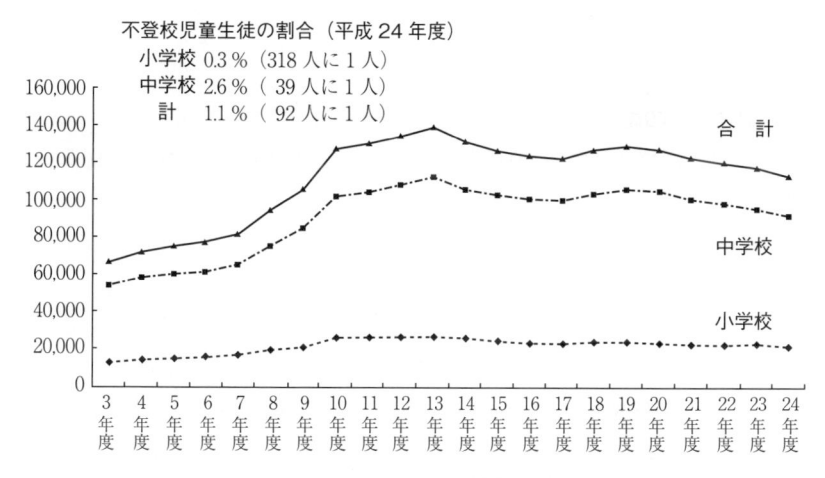

不登校児童生徒の割合（平成24年度）
小学校　0.3％（318人に1人）
中学校　2.6％（ 39人に1人）
計　　 1.1％（ 92人に1人）

図3　不登校児童生徒数の推移
（文部科学省初等中等教育局児童生徒課「平成24年度『児童生徒の問題行動等生徒指導上の諸問題に関する調査』について」2013年，50頁　より引用）[25]

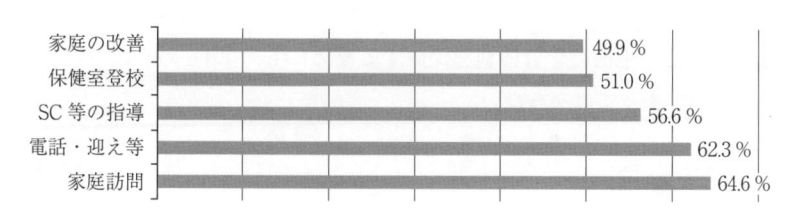

- 家庭の改善　49.9％
- 保健室登校　51.0％
- SC等の指導　56.6％
- 電話・迎え等　62.3％
- 家庭訪問　64.6％

図4　学校復帰のために特に効果があった学校の措置　中学校
（林　尚示・服部伴文・村木　晃『ワークシートで学ぶ生徒指導・進路指導の理論と方法』春風社，2013年，104頁　より引用）[26]

1人が不登校，中学校では38人に1人が不登校である。中学校にいたっては1学級に1人が不登校と考えて学級経営をしなければならない数値である。

　教師はよりよい環境のもとで不登校の児童生徒が学校に復帰することを願う。そのためには，図4からは，教師が不登校の生徒の家に家庭訪問や電話をすることが効果的であることがわかる。特に，「いじめ」が原因の不登校の場合は，児童生徒や保護者の心配を軽減するための措置を家庭訪問や電話で伝えることになる。2008年の事例でも，生徒が不登校の状態となっている場合は，適切に家庭に電話したり家庭訪問をすることができれば，重大な結果にはなら

(d) 退学などの懲戒

2012（平成24）年度までの退学者数については、現状を示すと、図5のような状況にある[27]。

2012年の事例では、学校側の生徒への対応として、他の生徒に動揺を与えたことなどを理由として"加害生徒"にではなく被害生徒に「自主退学」を促している。（その後、自主退学については撤回している。）　なお、自主退学は生徒や保護者が願い出て、校長が認めることによって学校をやめるものであり、懲戒での退学とは異なる。ここでは、「いじめ」の被害が「他の生徒に動揺を与えた」ということであれば、自主退学を促すのではなく、積極的な救済の手続きを進める必要があったといえよう。事実確認を詳細に行えば、学校側での対策として、加害生徒の退学という選択肢も考えられたであろう。

なお、高等学校の中途退学率は2％弱で近年減少傾向にある。中途退学の事由についても、学業不振、学校生活・学業生活不適応、進路変更などの理由がある。しかし、生徒の学習権利を保障するためにも、「いじめ」については、退学の理由であってはならない。

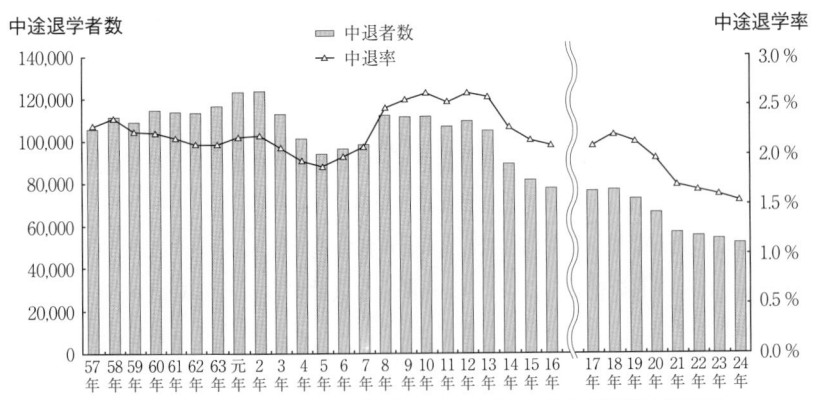

(注1) 調査対象は、平成16年度までは公私立高等学校、平成17年度からは国立高等学校も調査対象。
(注2) 中途退学率は、在籍者数に占める中途退学者数の割合

図5　中途退学者および中途退学率の推移
（文部科学省初等中等教育局児童生徒課「平成24年度『児童生徒の問題行動等生徒指導上の諸問題に関する調査』について」2013年, 50頁　より引用）[28]

1-3 「いじめ」解決のために

(e) 背景調査

さらに，近年，児童生徒の「いじめ」問題が起きたときの背景調査について，遺族の不信感が指摘されており，遺族の要望と学校の対応のギャップがあることが指摘されている。このような状況において，文部科学省は2011年に通知を出して，適切な背景調査の実施を求めている。ここでは，文部科学省から教育長等宛ての通知を要約する形で背景調査についての基本的な考え方や留意事項をみてみる。

基本的な考え方
（1）背景調査は教育委員会が主体的に行う。
（2）学校における出来事など学校に関わる背景も調査対象となる。
（3）調査委員会は要望・意見を充分に聴取する。
（4）教育委員会は調査委員会に積極的に協力する。
（5）平素から緊急の対応などが適切に行えるようにする。

（文部科学省「児童生徒の自殺が起きたときの背景調査の在り方について（通知）」2011年，をもとに要約）[29]

そして，背景調査を，遺族の要望や意見をふまえて迅速に実施することにより原因究明につながる。その際，アンケート調査や聞き取り調査などの手法が活用される。また，遺族への情報の提供は随時実施するが，外部への情報の公開は保護者等の了解の後が適していることなどが通知されている。

2007年の事例では，1回目の校内調査では，聞き取り調査の結果に基づいて「いじめ」が認められなかったとした。その後，この2回目の校内調査で，インターネットを利用した「いじめ」を確認している。1回目の調査で「いじめ」と断定できず，被害者側の保護者と学校の関係が悪化するケースは多い。事実究明ができるように仕組みを整えていくことの必要性を認識させられる事例である。

「いじめ」は，学級活動で担任教師が指導するとともに，学校の生徒指導の組織体制を活用して学校全体で対応する問題でもある。2013年の事例の場合，一昨年度途中までの19件の「いじめ」，すなわち，冷やかしや悪口など心理的攻撃10件，殴るなど身体的攻撃2件，金品のたかりなど物理的攻撃4件，複合的な攻撃3件[30]という発生状況については，解決を要する状況といえよう。

1-3-3 生指指導と特別活動を通しての対応
(a) 教育相談

2008年の「ネットいじめ」などの事例などを念頭におくと，教育相談の必要性も指摘できる。教育相談の定義については，『中学校学習指導要領解説 特別活動編』に次のように示されている。

> 教育相談は，一人一人の生徒の教育上の問題について，本人又はその親などに，その望ましい在り方を助言することである。その方法としては，1対1の相談活動に限定することなく，すべての教師が生徒に接するあらゆる機会をとらえ，あらゆる教育活動の実践の中に生かし，教育相談的な配慮をすることが大切である。　　　　　　　（文部科学省，2008）[31]

教師は，学級の児童生徒に対して学習指導をする役割とともに生徒指導をする役割ももつ。生徒指導の役割には，教育相談をする役割も含まれる。もちろん教育相談は，スクールカウンセラーやスクールソーシャルワーカーも実施する。また，外部の専門機関でも実施される。それぞれに利点があり，スクールカウンセラー，スクールソーシャルワーカー，外部の専門機関などは相談業務の専門性が高い。一方で，学校の教師は，児童生徒と学校での生活の場が同じため，早期発見・早期対応ができる利点がある。また，学級の児童生徒に関する相談についても，同学年の他の教師，学年主任，養護教諭，部活の顧問教諭，生徒指導主事，副校長，校長など人的な資源が学校には豊富にある。さらに，スクールカウンセラー，スクールソーシャルワーカーを通して，外部機関との連携も容易である[32]。このような利点を考慮すると，教師集団で解決できる「いじめ」も多いといえよう。

なお，学校で児童生徒の「いじめ」を解決するための意思決定に活用できる具体的な方法として，『生徒指導提要』に紹介されている短縮事例法（シカゴ方式）がある。この方法は，一定の時間内に一定の方向性を決めることに適した方法である。具体的には次の五つの手順をとる。この方法のメリットは，約90分でできることである。小中学校であれば，授業約2時間相当分で教師の全体的な意思決定ができる点に特徴がある。

1-3 「いじめ」解決のために

短縮事例法（シカゴ方式）	
ステップ1（約5分）	事例文を提供する。
ステップ2（約20分）	各教師が対応策を検討する。
ステップ3（約40分）	グループで対応策を検討する。
ステップ4（約20分）	全体で意見交換する。
ステップ5（約5分）	事例提供者や生徒指導主事などがまとめる。

（文部科学省，2010年 をもとに筆者作成）[33]

2008年の事例でも，生徒の状態を適切に判断し，教育相談の機会を設定できれば，重大な結果は避けられたかもしれない。

(b) 学級活動での生徒指導

特別活動においても生徒指導は行われる。例えば，『小学校学習指導要領』の特別活動では，内容の取扱いとして「〔学級活動〕については，（中略，引用者による）生徒指導との関連を図るようにすること。」としている[34]。ここでは，学級活動の指導の際に生徒指導と関連を意識することが目指されている。

この部分について文部科学省の解説では，学級活動と生徒指導とのかかわり方として，次の三点の指摘をしている。それは，「ア 学級を単位として，きめ細かな生徒指導を行う。イ 生徒指導の機能を補充し，深化し，統合する役割をもっている。ウ 生徒指導の観点から，他の教育活動を充実するための条件整備の役割を果たしている。」[35] という指摘である。

担任の教師によって1授業当たり45分という一定の時間を活用して，学級活動では休み時間や朝の会，帰りの会などと比較して充実した生徒指導ができる。また，それまでの生徒指導の成果を児童生徒に振り返らせ，確認の機会を設定することができる。さらに，学級活動での人間関係の指導などにより，例えば，給食の時間のグループ維持や休み時間などの他者への心ない言葉をかける行為を予防することもできる。

ちなみに，特別活動の中心となる学級活動は，明治期以降の教育の歴史のなかでは，落第のない学校，「持ち上がり」のある学校という編制原理の変化にともなって誕生してきた[36]。小学校教育が能力別学年編制を採用していた時期では，児童の学習面での到達度などは均質化していたが，一方で能力別にク

ラスをつくらなければならないため，教師数は一定数必要であった。それが，1891年制定の「学級編制等に関する規則」により，児童数による学級編制となる。その過程で，年齢による学級編制や複式学級等にともなう諸課題への対応のために，学級活動は誕生している。いわば，異質な個の集合体としての学級を運営していくために必須な教育活動として学級活動が誕生している。

このコンセプトは現代の学級活動でも共通する。集団のなかでの自己理解を深め，他者理解を深め，協力して学校での生活と充実させていくことを教師は指導するのである。

さらに，『小学校学習指導要領』の「第4 指導計画の作成等に当たって配慮すべき事項」でも，「(3) 日ごろから学級経営の充実を図り，教師と児童の信頼関係及び児童相互の好ましい人間関係を育てるとともに児童理解を深め，生徒指導の充実を図ること。」[37]としている。学校の教育課程は，全国共通の目標と内容に基づいて，各教師が指導計画を作成する。その際，教材や指導方法について各教師の創意工夫がなされている。指導計画を教師が作成する場合には，例えば「いじめ」が起きないように予防的な生徒指導の機能を内包させ，あるいは，問題行動の後には問題解決的な生徒指導ができるように工夫する必要がある。

なお，教師が「いじめ」に気づくためには，児童生徒への質問紙調査が有効である。児童生徒が「いじめ」について口頭で答えられない場合でも，質問紙調査であれば「いじめ」の状況を発見するきっかけとなる。そして，質問紙調査後に，個別指導型の生徒指導や集団指導型の生徒指導につなげていくことができる。個別指導型の生徒指導や集団指導型の生徒指導の具体的な内容は，第2章の事例の検討などでさらに詳細に説明したい。

ここでは，2010年の事例などをもとに，学級活動で具体的に問題を解決する方法を考えてみたい。課題は，①教師が指定した給食の班を児童が教師の許可なしに解体し，孤立した児童がでてしまう場合，②特定の児童が他の児童に対して誹謗中傷の発言を繰り返してしまう場合，である。

①小学校の学級活動では，一つ目の内容である「学級や学校の生活づくり」のなかに「ウ 学校における多様な集団の生活の向上」が含まれている。学級の給食集団も多様な集団の一つである。そして，給食を個人ではなく集団でとることも，学校での児童の生活の向上を意図するものである。そのため，班で

給食をとる意味を，学級活動の時間で再度児童に確認させる授業を展開するとよい。

　また，学級活動の二つ目の内容である「日常の生活や学習への適応及び健康安全」のなかに「キ　食育の観点を踏まえた学校給食と望ましい食習慣の形成」が含まれている。一般的な職業であれば昼食は休憩時間であろうが，学級を担任する教師にとっては，昼食の時間は同時に給食指導の時間でもある。そのため，給食の指導をしながら同時に給食の指導の時間でもある。給食の時間は，例えば，楽しく食事をすることを児童に学ばせ，食習慣を通して人間関係を形成することなどをねらいとしている。

　本人の意に反して1人で給食をとっている児童がおり，一方で好きな仲間だけで給食をとっている児童がいる場合，教師は給食を班でとる意義を児童に説明したい。給食も学校教育の一部であるため，そこでは食習慣の指導を通して望ましい人間関係を形成する教育活動であるということを児童に気づかせたい。

　② 他の児童を誹謗中傷してしまう複数の児童がいる場合，特に学級活動の二つ目の内容である「日常の生活や学習への適応及び健康安全」の「イ　基本的な生活習慣の形成」や「ウ　望ましい人間関係の形成」などで指導したい。学校での集団生活では，多様な個性をもつ児童と協力しながら生活しなければならない。そのため，他者への一定の配慮は生活習慣の一部として児童に形成させる内容である。また，同様に，児童どうしでの望ましい人間関係を形成する指導が成果を上げれば，他の児童への誹謗中傷を予防することができる。また，中学校の特別活動では，「適応と成長及び健康安全」も内容の一つとなる。そのなかに，「思春期の不安や悩みとその解決」という内容がある。この内容を指導することを通してこのような状況に対処できよう。

(c)　クラブ活動・児童会活動の活用

　クラブ活動は，主として小学校第4学年以上の児童を対象として実施する教育活動である。異年齢集団の交流が深まり，そのことによって，小学校6年生には下級生から頼りにされる存在として自尊感情を高めることができる。また，共通の興味・関心を追求する活動であるため，同一クラブのメンバーには共同体意識が育成でき，そのクラブへの所属感が高まり，学年を超えた人間関係を築くことができる。

学級で人間関係のトラブルがある場合，視点を変えて，クラブで人間関係を広げていくように配慮することもいじめ予防につながる。理解し共感してくれる他者の存在が集団生活を基礎とする学校教育には大切なのである。その友人とめぐり会うためにも，学級を越えた集団であるクラブ活動を，教師は有効活用して指導したい。

また，児童会活動は児童の学校での生活づくりのための自発的・自治的集団である。そして，児童に生活づくりを指導する教師にも，自立した意識が必要である。安井一郎はこのことを「児童会・生徒会活動の指導にあたる教師の側にも，児童・生徒と協働しつつ学校の生活づくりを担う主体としての，自治性と文化性が求められる」[38]と説明する。ここで「自治的な集団」とは，自律（autonomy）と自己統治（self-government）の共存する個人または集団である。児童会活動は，児童が自律的に問題を解決する方向を目指し，自己統治できるように教師集団により指導される。「文化」とは，人間が自然を加工して形成する成果である。学校でも，そこは自然状態ではなく様々な形で明文化されたルールと隠れたカリキュラムが存在する。それは児童文化のなかにも存在し，ときとして反学校文化につながることもある。児童会活動では，児童文化を「いじめの被害者に非はない」「いじめは決して許さない」「いじめの被害者は児童会が守る」といった方向で形成したい。

(d) 学校行事の活用

小学校の学校行事は，儀式的行事，文化的行事，健康安全・体育的行事，遠足・集団宿泊的行事，勤労生産・奉仕的行事の五つで構成されている。

学校行事のなかでは，始業式などの儀式的行事でいじめ予防のメッセージを伝えることができる。文化的行事では，例えば演劇鑑賞会を実施し，鑑賞する演劇に「いじめ」を内在する作品を選んでもよい。運動会などの健康安全・体育的行事では所属感や連帯感を高めたい。遠足・集団宿泊的行事の野外活動などでは，グループでの人間関係を深めさせたい。飼育栽培活動などの勤労生産・奉仕的行事では，動植物を育てることを通して達成感を高めさせたい。

このように，学校行事のそれぞれで，他者との関係を意識し，人間関係を構築する能力を高めるように指導できる。また，他者との共同生活によって，自己理解が深化する。学校行事は各学校の特徴をだしやすい教育活動である。児

童が集団で学習する学校であるため、管理職は学校行事の目標を適切な機会に適切な方法で継続的に児童に伝えるとよい。その継続的な活動を通して、「いじめ」のない学校を実現できるのではないか。

可能性としてはどのクラスでも「いじめ」は発生するが、一方で、学校が組織的に「いじめ」を許さないというメッセージを児童に送ることが必要である。このメッセージは、児童と教師が一堂に会する全校での学校行事で効率的に伝達できる。そして、修学旅行などの学年での学校行事でも、複数の教師が同一見解で「いじめは許さない。」「いじめを受けている児童に非はない。」「いじめを受けている児童を教師集団は必ず守る。」といったメッセージを伝えることができる。

先にも述べたが、言葉による誹謗中傷などの心理的な暴力や、殴る蹴るなどの物理的な暴力、あるいは仲間外しなどで問題を解決しようとするのではなく、話合い活動などの言語活動で問題を解決する児童を育てるとよい。そのためには、学校行事は、学校の教師側の意思を全児童に伝達するための有益な教育活動なのである。そのため、安易な学校行事の授業時数削減は、望ましい人間関係づくりの視点や学習の基盤整理の視点から逆効果となることに留意されたい。

2章

事例とその解説

　「教育職員免許法」に基づいて，教師は「いじめ」等児童生徒の諸問題への対応についての最低限の基礎知識を獲得している。具体的には，教職の意義等に関する科目，教育の基礎理論に関する科目，教育課程及び指導法に関する科目，生徒指導，教育相談及び進路指導等に関する科目，教育実習などで，児童生徒への対応について学習している。そのなかで特に「生徒指導の理論および方法」や「特別活動の指導法」などに関する授業内容を充実させることにより，「いじめ」を未然防止できるのではないかと考える。

　以下では，この考えに立ち，「いじめ」をいじめ者と被いじめ者による個人間の問題としてとらえるのでなく，学校組織としての対応ととらえ，生徒指導論と特別活動論の知見から，具体的事例の客観的事実を通して「いじめ」の未然防止のための提案をしていく。

　なお，本書における2004年から2013年までの事例については，朝日新聞社，毎日新聞社の報道を引用しつつ，過去10年間の事例を対象に年一事例ずつ記事としての取り扱いが大きいものを選択している。なお，具体的な地名および氏名等は，特に必須な情報ではないため原則として記号に変更している。

> **事例 1（2013 年）**
>
> 　2013年4月に，中学校2年生の男子生徒が同級生から暴力を振るわれるなどの「いじめ」にあい，後に，自ら命をたった。新聞によると，次のように報道されている。
>
> 　　S県Y町教育委員会は12日，町立Y中学校2年の男子生徒（13）が10日に自宅で首を吊って自殺したと発表した。学校が自殺後に2年生（192人）にアンケートをしたところ，約2割が「ぶたれていた」「かばんを持たされていた」などと，男子生徒へのいじめをうかがわせる内容の回答をしたという。
> 　　　　　　　　　　　　　　　　　　　　（朝日新聞，2013年4月13日）[39]
>
> 　同級生からみても，事後のアンケートからは，「いじめ」と判断される行為が複数あったことがわかる。
>
> 　しかし，学校では「いじめ」を認識していなかった。また，亡くなった生徒の保護者から相談を受けていたにもかかわらず，自殺を防ぐこともできなかった。毎日新聞では次のように報道されている。
>
> 　　Y町立Y中学校の2年男子生徒が自殺した問題で，町議会全員協議会が19日開かれ，これまでの経緯や16日に開かれた臨時保護者会の内容について町教委〔町教育委員会〕が報告した。
>
> 　　町教委は，自殺した生徒の保護者から学校に対し，生徒が昨〔2012〕年12月と今〔2013〕年1月に同じ部活の同級生に連れ回され，帰宅が遅くなったとの相談があったことを明らかにしたが，「その段階ではいじめとは認識していなかった」と釈明した。
>
> 　　　　（〔　〕内は筆者による）　（毎日新聞，2013年4月20日）[40]

　「いじめ」の認識については，当事者である生徒から申し出がない場合，教師が発見することは難しい面もある。しかし，この事例では，保護者から事前に相談があり，周囲の生徒も「いじめ」に気づいている。このような場合は，被害児童保護の観点から，学校としての組織的な対応が必要であった事例といえよう。

事例1（2013年）

1）　生徒指導の視点からの検討

以上の「いじめ」の状況をふまえて，生徒指導の視点から検討を深めたい。

（a）　保護者からの教育相談

家庭との連携は児童生徒と学校との信頼関係を維持するうえで重要である。家庭との連携を深めるために，教師は保護者会，面談，学級通信などを工夫している。本事例の場合，保護者から学校へ2回にわたり相談が寄せられていた。そのため，保護者は学校を信頼し，保護者からみた児童生徒の様子などについて伝えている。これには，学校と協力して問題解決を図ろうとする姿勢や努力がうかがえる。

保護者から学校へ，「生徒が昨年12月と今年1月に同じ部活の同級生に連れ回され，帰宅が遅くなったとの相談があった」という事実がある。ここでは，相談が2回あったことが重要なポイントである。2012年12月には保護者面談があったが，その後の保護者や学校の対応で事態が改善していなかったため，2013年2月にあらためて相談がなされたのであろう。

保護者から教師への同一内容の相談が複数回あった場合，相談内容が解決していないことを意味する。そのため，最初の相談後の児童生徒への対応を振り返り，次の相談後の児童生徒への対応の改善に生かしていく必要がある。

この事例の場合についていえば，他の生徒との関係があって当該生徒の帰宅が遅いことを心配する相談であるため，保護者からの個別相談に対応することのみではなく，保護者会で学校からの帰宅予定時間を知らせたり，学級通信で放課後の過ごし方についての注意喚起をしたりといった対策が考えられる。具体的には，部活動最終下校時刻である校門を出る時刻は日没の早い10月下旬から12月までで16時30分，日没の遅い5月から7月終業式までで18時30分であった[41]。最終下校時刻の管理からみれば対策はできていたが，学校を出た後，自宅まで安全に寄り道せず帰る指導については，必ずしも学校の指導は充分ではなかったといえよう。

（b）　部活動顧問教師の生徒指導

本事例では，部活動後に「同じ部活の同級生に連れ回され，帰宅が遅くなった」ということが問題である。そして，事後のアンケートで明らかになった「ぶたれていた」「かばんを持たされていた」ということも問題である。部活動後の人間関係がきっかけであるとするならば，部活動顧問教師が対応することは

正しい。この事例では，部活の顧問も部活動の生徒たちに保護者からの相談に基づいて，人がいやがることはよすようにと指導をしている。

なお，生徒指導は「一人一人の児童生徒の人格を尊重し，個性の伸長を図りながら，社会的資質や行動力を高めることを目指して行われる教育活動のこと」[42]である。本事例における，人がいやがることはよすようにという指導は，児童生徒の人格の尊重や社会的資質の向上を目指している。この生徒指導が，部活動顧問教師のみの指導ではなく，学校管理職のリーダーシップのもとで，「生徒指導主事や生徒指導部を中心に学級担任，養護教諭，スクールカウンセラーなどの役割分担を明確にして」[43]，学校全体で進められていた場合，より大きな成果が期待できたといえよう。

(c) 学校経営計画との関連

事例校の2012年度の学校教育目標は「確かな学力と豊かな感性を持ちたくましく生きる生徒の育成」である。いじめを許さない「豊かな感性」は学校経営の基盤となる重要な概念である。また，事例校が2012年度に定めた「平成24年度キャッチフレーズ」は次の内容である[44]。

　　～さわやかなあいさつがこだまするY中～
　　思いやりと笑顔があふれる学校
　　学び合い・高め合い・支え合い
　　あいさつ，掃除，まじめな学習

思いやり，支え合いなどを目指す学校経営は正しい方向性である。課題があるとすれば，計画どおりに学校経営が進まなかった面があることと，その原因の特定などであろう。では，どうすればよかったのだろうか。まず，学校の教師は，計画，実施，評価，改善のサイクルを意識して，学校経営の評価について意識し，振り返り型の評価を重視するとよかったと考えられる。

(d) 校内研究との関連

事例校の2012年度の校内研究テーマは，「思考力・判断力・表現力等の育成を目指して授業改善～学び合い・高め合い・支え合いを意識したより良い授業づくり～」である[45]。ここでは，「授業づくり」という用語からわかるように，各教科，道徳，総合的な学習の時間，特別活動といった教育課程内の指導が，

事例1（2013年）

校内研究テーマである。

　生徒指導との関連でいえば，学び合い・高め合い・支え合いを通した授業が展開でき，子供たちに思考力・判断力・表現力が身につくことは，「いじめ」の未然防止に有効である。教科等で実施する生徒指導に関するテーマであるともみとることができる。校内研究のテーマとして解決を図りたい。

2） 特別活動の視点からの検討
（a） 学級活動での指導

　中学校の学級活動は，年間35時間実施され，3年間で105時間の授業時間をもつ。内容は，「学級や学校の生活づくり」「適応と成長及び健康安全」「学業と進路」で構成されている。「適応と成長及び健康安全」では，本事例のような「いじめ」を未然防止するために，「ア　思春期の不安や悩みとその解決」「オ　望ましい人間関係の確立」「キ　心身ともに健康で安全な生活態度や習慣の形成」などが活用できる。

　学級活動では，「学年や発達の段階，児童・生徒の状況に応じて，担任が適切に見極めて題材を設定しなければならない」[46]とされている。事例の学校では，2012年度の4月から12月までの「いじめ」について，冷やかしや悪口，殴るなど身体的攻撃，金品のたかりなど物理的攻撃，複合的な攻撃などがわかっている。そのため，特に，「オ　望ましい人間関係の確立」については重点的な指導が必要であろう。

（b） 生徒会活動での指導

　事例校では，2013年3月12日に「生徒総会」が予定されていたという[47]。生徒会活動でも，「いじめ」の解決については，積極的に計画や運営に組み込んでいくよう指導ができる。また，部活動後の帰宅時間などについて連絡調整を図って周知徹底することもできる。例えば，町は小学校3校と中学校1校の地方公共団体であるため，中学校の生徒会活動は町教育委員会と充分に連携して，町の将来を見据えた活動をしていくことが必要である。生徒会活動による学校生活の充実と向上を図る活動は，次代の町での生活の充実と向上につながるという意識で生徒会活動を充実させていきたい。

（c） 学校行事での指導

　事例校では，「ハートフルウィーク」という教育相談週間を5月と10月に実

施している.「ハートフルウィーク」については,学校要覧の行事予定に組み込んでいる.事例校で2008年と2009年に実施した「生徒指導総合連携推進事業」で,「ハートフルウィーク」は不登校児童生徒の減少に効果があった取組みとして取り上げられている[48]。

　望ましい集団活動を通して行う教育活動において,心身の健全な発達や健康の保持増進を目的とした場合,健康安全・体育的行事に位置づけることができる.個別教育相談の場合には,教育課程外で生徒指導としての教育活動とすることもできる.

　このように,教師にとっては,児童生徒からの相談しやすい雰囲気づくりと,教育相談を生徒指導や特別活動に生かしていこうとする姿勢を児童生徒に示すことが,「いじめ」の未然防止のうえで大切である.

(d)　部活動での指導

　部活動は小学校のクラブ活動と異なり,中学校の特別活動を構成する内容ではない.しかし,小学校のクラブ活動に準じる部分もあり,教育活動として実践されている.そのため,中学校の部活動顧問教師は,小学校のクラブ活動も参考にして部活動指導をしていくとよい.

　小学校のクラブ活動は,以下に示す目標や内容に基づく教育活動であることが,『小学校学習指導要領』で規定されている.

　目　標

　　クラブ活動を通して,望ましい人間関係を形成し,個性の伸長を図り,集団の一員として協力してよりよいクラブづくりに参画しようとする自主的,実践的な態度を育てる.

　内　容

　　学年や学級の所属を離れ,主として第4学年以上の同好の児童をもって組織するクラブにおいて,異年齢集団の交流を深め,共通の興味・関心を追求する活動を行うこと.

　　(1)　クラブの計画や運営
　　(2)　クラブを楽しむ活動
　　(3)　クラブの成果の発表　　　　　　　　（文部科学省,2008年）[49]

事例1（2013年）

　小学校の場合，クラブ活動は原則として4-6学年の高学年向きの教育活動となっている。また，活動時間は適切な授業時間が充てられるものの，一般的には，中学校の部活動ほど多くの時間を充てていない。
　このような違いはあるにせよ，望ましい人間関係を形成することなどを目標として教師が指導すること，異年齢集団の交流を深めるように教師が指導することなどを通して，同一学年内での「いじめ」の発生を予防する効果が期待できる。
　なお，『中学校学習指導要領解説　特別活動編』では，部活動は教育課程に含まれないにもかかわらず頻繁に登場し，例えば，次のような場面での活用がなされている。
　　・学校における多様な集団の生活の向上
　　・思春期の不安や悩みとその解決
　　・望ましい人間関係の確立
　　・中学校入学当初において希望と目標をもてるようにすること
　　・生徒会活動での部活動などに関する連絡調整
など[50]。
　このように，部活動は教育課程に準じた役割をもっていることから，小学校のクラブ活動を参考として，組織的・計画的な教育活動として部活動を活用するとよい。

事例2（2012年）

　高校2年の男子生徒が，同級生たちから腕に20回以上にわたってたばこの火を押しつけられるなどの「いじめ」を受けたとして，2012年8月6日に，傷害容疑などで被害届を出した。

　被害届は被害を受けたものが警察などに告知するための届けである。ただし，告訴や告発といった性質のものではないため，被害届による申告があっても捜査が開始されるかどうかは警察の判断による。この事例の場合，警察の捜査は開始された。新聞で報道された内容を引用すると，次のようである。

> 　生徒や母親によると，生徒は昨年11月ごろから，同級生らの殴る蹴るの暴行を受けるようになった。今年5月下旬には，2年生の別のクラスの男子生徒から，22回にわたって無理やり腕にたばこの火を押しつけられ，いわゆる「根性焼き」をされた。「根性焼き最高」と書いた写真シールも撮らされた，という。　　　　　　　　　　（朝日新聞，2012年8月7日）[51]

　「いじめ」が11月から翌年の8月まで長期にわたっていることや，意図的にやけどを負わせるといった傷害行為などがあったことがわかる。

　保護者による被害届の提出後，この「いじめ」に対する学校側の対応は次のように変化している。

- 「他の生徒に動揺を与えた」などとして7月末，被害生徒に自主退学を促したが，撤回する。

　　　　　　　　　　　　↓

- 再調査結果を基に「（生徒が）精神的な苦痛を感じており，いじめと定義せざるを得ない」と説明する。

　　　　　　　　（毎日新聞，2012年9月18日付 をもとにまとめた）[52]

　さらに，被害届受理後の警察等の対応状況については，次のことがわかっている。

> 　S市の私立高校に通っていた男子生徒（16）に「根性焼き」を入れたなどとして10日，少年2人が傷害容疑で書類送検された。1人は容疑を認めながらも「（男子生徒から）頼まれてやった」と供述しているが，S署は傷害容疑に当たると判断した。　　　　　（朝日新聞，2012年12月11日）[53]

男子生徒はやけどをしており，「いじめ」の影響は大きい。また，加害生徒の一人は，「(男子生徒から) 頼まれてやった」と容疑を認めておらず，十分な反省には至っていない。

1） 生徒指導の視点からの検討
（a） たばこの所持について

この事例においては，まずもって，生徒に傷害を与えたことが問題である。その方法として，火の付いたたばこが使用された。

学校内での場合は，予防的生徒指導の観点から，教師は喫煙防止教育を進めている。教師は，「人格の完成を目指し，平和的で民主的な国家及び社会の形成者として必要な資質を備えた心身ともに健康な国民の育成を期して行われなければならない」[54]という教育目的の達成を目指して教育している。そのため，たばこは「健康な国民の育成」に反するし，根性焼きは「平和的で民主的」ではない。

また，未成年の高校生は「未成年者喫煙防止法」により喫煙を禁じられている。そして，たばこを吸う高校生からは，たばこやライターなどは没収される[55]（教師の権限として認められている）。

さらに，保健指導の面からの生徒指導として，「未成年者の喫煙や飲酒の弊害について説明し，防止するための指導」などは行っておくことが必要である[56]。たばこの火は，中心部と表面とで温度は異なるものの，炭と同じように800℃程度にもなる。そのため，取り扱いを間違えるときわめて危険であることも知識として伝えるとよい。

（b） 殴る蹴るの暴行について

殴る蹴るの暴行については，道徳性指導の面からの生徒指導として，「他者と共感することができる体験」[57]などをさせておくとよい。自分を大切にして他の人を大切にできることを体験させることで，殴る蹴るの暴行を防ぐことができる。

なお，暴力行為については，今回の事例では警察等の司法行政機関と学校が連携している。それ以外の加害生徒に対する連携先としては，児童相談所等の福祉機関もある。このように司法行政機関や福祉機関と連携して加害生徒の問題行動に対処していく場合でも，学校はあくまでも教育機関であるという認識

にあたって，教育の放棄とはならないように留意したい。

　学校という教育機関で実施する生徒指導は，生徒の人格の完成，個性の伸長，社会的資質，行動力の向上を目指す教育活動である。そのため，生徒に対して，暴力にたよらない自己主張の方法を学ばせたい。暴力は正当性のない物理的な強制力である。教育基本法の前文にある「個人の価値を重んじ，真理と正義を希求し」といったことを，教師も生徒も行動のよりどころとして学校生活が営まれるように指導していくことで，問題行動に立ち向かうことができる。

　なお，この事例においては，被害生徒に自主退学がうながされている。「いじめ」が起きた場合に懲戒としての退学が活用されることもある。しかし，人権上の理由からも，そして教育機会をうばうことにもなるため，安易に被害生徒を退学にしてはならない。(1-3-2項(d)参照)

2) 特別活動の視点からの検討

(a) ホームルーム活動での指導

　「いじめ」などの問題に対してホームルーム活動が解決の糸口を提供できるのは現代の特徴ではなく，1950年代以降，一貫した特徴である。ホームルーム活動は，戦後における「ホーム・ルーム」の導入から今日まで続く教育活動である。このことについて山口満は，次のように指摘している。

> わが国の教育界において，「ホーム・ルーム」という言葉が中学校および高等学校における生徒の基礎的な生活集団を指す用語として広く使われるようになるのは，戦後もしばらくしてからの時期，すなわち昭和20年代の後半，1950年代に入ってからのことである。　　(山口満，2012年)[58]

　ホームルーム活動は大きく三つの内容に区分されている。それは，「ホームルームや学校の生活づくり」「適応と成長及び健康安全」「学業と進路」である。

(b) 「適応と成長及び健康安全」を活用した指導

　本事例では，「適応と成長及び健康安全」の内容を活用して指導ができる。「適応と成長及び健康安全」はさらに九つの内容に細分化されており，そのなかで，「青年期の悩みや課題とその解決」「コミュニケーション能力の育成と人間関係の確立」「心身の健康と健全な生活態度や規律ある習慣の確立」の指導

事例2（2012年）

により，本事例のような「いじめ」を予防したい。以下，各内容に従って検討してみよう。

① 青年期の悩みや課題とその解決　「いじめ」を受けた生徒は，「やられた」とは言い出せなかった。そして，写真も断れなかった。このことから，「青年期の悩みや課題とその解決」が必要であることがわかる。青年期の悩みのなかで，「友達がいなくなる」という恐怖は大きいものであるので，ホームルーム活動で人間関係の形成能力を高めることにより，解決を図りたい。

② コミュニケーション能力の育成と人間関係の確立　この内容では，生徒のコミュニケーション能力を育成して，人間関係の確立を目指す指導を行うのであるが，「いじめ」を受けた生徒が「やられた」とは言い出せなかった，写真も断れなかったことなどについて考えてみよう。

「いじめ」を受けた生徒は，友達がいなくなることの恐怖と「いじめ」を比較し，悩んだ末に「いじめ」を受けることを選択したようにもみえる。しかし，学校でも学校以外でも，「いじめ」をすることを許していないので，「いじめ」による人間関係の継続も認めない。そもそも，「いじめ」による関係の維持と孤立の恐怖は比較する対象ではない。そのため，「いじめ」を媒介としない人間関係の確立を図るために，学校の生徒全体のコミュニケーション能力を，ホームルーム活動での人間関係づくりを契機として高めていかなければならない。

③ 心身の健康と健全な生活態度や規律ある習慣の確立　この内容では，他者からの「根性焼き」によるやけどの強要が，相手の身体と心の健康に与える影響を考える必要がある。「健康」とは健やかな状態のことであるが，やけどは健やかな状態とはいい難い。まして，他者から強要されたものである場合，精神面でも健やかな状況は保てない。

また，「根性焼き」を他者に対して行う生徒の行為は，健全な生活態度とはいえない。「健全」とは心身の正常なはたらきや行動が偏らないことである。他者に対する傷害行為は，健全な生活態度から逸脱している。このようなことが学級で起きている場合，ホームルーム活動で生徒の健全な生活態度を確立する指導を充実させることが必要である。

(c)　生徒会活動での指導

大学生や社会人からみた場合，生徒会活動は大学の学生自治会のような教師から独立した存在であると考えられている場合もある。しかし，教師からみた

場合，教育活動の一環であり学習指導の一部である。教育活動であるので，目標と内容がある。

生徒会活動の目標は「生徒会活動を通して，望ましい人間関係を形成し，集団や社会の一員してよりよい学校生活づくりに参画し，協力して諸問題を解決しようとする自主的，実践的な態度を育てる。」[59]というものである。

「いじめ」は「望ましい人間関係」ではないため，生徒会活動としても解決を図るべき内容である。また，「いじめ」の解決は，「よりよい学校生活づくり」のためであるため，生徒会活動での積極的な関与が計画できる。さらに，「協力して諸問題を解決」することにより，生徒会活動で生徒に自主的，実践的な態度を育てる活動型の教材にもなる。そのため教師は，高等学校教育でも次の点に留意しなければならない。

一つ目は，生徒会活動が特定の生徒のみの活動ではなく，「全生徒」によって実施される活動であること。それは，「生徒会」そのものが「全生徒」によって組織する会であるためである。学級やホームルームだけではなく学校にも所属感をもたせ，学年を越えて連帯感をもたせることで，異年齢での人間関係を築かせたい活動である。

二つ目は，生徒会活動で学校生活の充実と向上を図る活動を行う指導をすることである。生徒会活動は放課後や休日の随意的な活動ではなく，教科の学習と同じように，目標や内容があり，教師の学習指導の一環として行われている。そして，指導するのは学校の教師全体である。その際，生徒の学校生活がより充実し，学校生活が向上することを目指して指導している。「いじめ」の解決は，生徒の学校生活の充実や向上につながるため，生徒会活動の指導計画のなかに積極的に組み込むことができる。例えば「生徒によるいじめ予防」のために，キャンペーンやスローガン作成などの活動を導入するとよい。

(d) 学校行事での指導

高等学校の学校行事は，小学校や中学校と同様に五つの内容がある。その五つの内容の名称は中学校と高等学校で同じである。具体的には，「儀式的行事」「文化的行事」「健康安全・体育的行事」「旅行・集団宿泊的行事」「勤労生産・奉仕的行事」である。

学校行事も大きなくくりでは特別活動の内容の一つであり，望ましい人間関係の育成，所属感や連帯感，公共の精神，自主的・実践的な態度の育成などが

目標となる。いじめによる人間関係は，一面では所属感や連帯感につながることもあるが，けっして望ましい人間関係ではないため，「いじめ」の解決を学校行事のなかで取り組むことができる。具体的なアイディアを例示すると，次の表のようになる。

表4 「いじめ」解決のための高等学校「学校行事」の活用

内　容	具　体　例
儀式的行事	始業式で「いじめ」のない学校づくりについて，校長や生徒指導主事から講話を行う。
文化的行事	弁論大会や講演会で「いじめ」を取り上げる。
健康安全・体育的行事	健康診断の際に，生徒の心身の健康について担任教師や養護教諭が確認する。
旅行・集団宿泊的行事	遠足や修学旅行の移動時に生徒の人間関係を把握する。
勤労生産・奉仕的行事	就業体験などの機会を活用して，生徒に「いじめ」予防する生き方指導を行う。

　学校行事は上記のように多様な活動型の教材を含んでいるため，「いじめ」を取り扱う機会が数多くある。また，学習に要する授業時数も多いため，教師がいじめ防止の効果を念頭において指導すれば充分に効果が期待できる教育活動である。

事例3（2011年）

　2011年10月に，同級生から「いじめ」を受けていた市立中学2年の男子生徒が自宅マンションから飛び降りて死亡した事件で，男子生徒の両親が10月24日に，加害男子生徒3人と加害生徒の保護者および市を相手取り，損害賠償を求めてO地裁に提訴した。亡くなった生徒の両親は，「いじめ」で自殺したのは明らかであり，市も適切な対応を怠ったとしている。

　事件発覚後，学校で実施した全校アンケートでは，被害生徒に対して次の「いじめ」が指摘されている。

　　ヘッドロックをかける。／「トレーニング」と称して押さえ込む。／毎日のようにズボンをずらす。／顔にペンで猫のようなヒゲを描く。／男子生徒のパンを無断で食べる。／口やすねにガムテープを張る。／蜂の死骸を食べさせようとする。

(毎日新聞，2012年2月24日付 をもとにまとめた)[60]

　また，被害生徒の両親からみた学校側の対応として，次のことが明らかになっている。

- 担任は，男子生徒がプロレス技をかけられて半泣きになっているのに，「あんまりやりすぎるなよ」と声を掛けて立ち去った。
- 女子生徒から「いじめではないか」という指摘を受け，男子生徒に確認した際，「大丈夫。何もない」と答えがあったため必要な対応をとらなかった。

(毎日新聞，2012年2月24日付 をもとにまとめた)[61]

　この事件に対して，調査のために第三者調査委員会が設置され，その委員会が「いじめ」と認定した19の行為は，報告書では以下のようである。

(1) 9月初旬からヘッドロックを掛けられはじめ，同月中旬から教室，トイレ内，廊下で頻繁に暴行を受ける。
(2) 体育大会では，拘束ゲームとして，口，顔，手足にガムテープを巻きつけられたり，じゃんけんゲームの罰ゲームとしてすねにガムテープを貼られ剥がされる。体を押さえつけられた上で蜂を無理やり口に入れられそうになる。(9月29日)

事例3（2011年）

- (3) 教室で顔に落書きされる（猫のひげのようなもの）。
- (4) 教室で制汗スプレーをかけられる。
- (5) 教室で消しゴムのカスを頭にかけられ，紙を口に入れられる。
- (6) Ａの筆箱に入っていたペンのインクを取り上げられ，それを折られ，Ａの机や衣服にインクを付けられる。また，筆箱の中をインクまみれにされる。　　　　　　　　　　　　　　　　　　〔原文ママ〕
- (7) チョークの粉をカバンに入れられる。
- (8) 何度もズボンを脱がされる。
- (9) 昼食のパンを勝手に食べられる。
- (10) 調理実習のまとめと反省の用紙や文化祭プログラムに，Ｃの銘のある印鑑を押捺される。
- (11) 教科書，成績表を破られる。
- (12) 女生徒の前で「コク（告）ラ」される。
- (13) 3階教室の窓から体を突き出すことを強要されるが拒否した。（いわゆる「自殺の練習」）
- (14) 「万引きした。」と言わされる。
- (15) 自宅の勉強部屋を荒らされ財布を隠される。（10月8日）
- (16) 移動教室の時に荷物をもたされる。
- (17) 9月中旬ごろから頻繁にメガネを取られ回される。
- (18) 定規を割られる。
- (19) 教室で「おまえきもいんじゃ。」，「Ａ死ね，○○（Ａの父親の名前）死ね。」，「死ね。お前の家族全員死ね。」などの言葉を浴びせかけられる。（10月7日）　　　　　　　　　　　　　　　　　　　　　〔原文ママ〕

（大津市立中学校におけるいじめに関する第三者委員会報告書，2013年　より引用）[62]

　ところで，ここでの第三者調査委員会とは，弁護士，大学教授，臨床心理士等を含めた市側と遺族側双方が推薦した（計6人）中立的な立場で事実究明をする人々によって構成された委員会である。それまでの同様の事件では，市教育委員会が事実究明をすることが多かったが，本件のように，学校の管理責任の範囲を明確にするためには，中立的な委員会のほうが適している。

1） 生徒指導の視点からの検討
（a） 生徒指導体制

　生徒指導は，教師が個人の価値観によって実施するのではない。学校で体制を整えて組織的に実施するものである。そのために，学校では，生徒指導の方針を明確化する。その方針に基づいて生徒指導計画を作成する。そして教師間で共有する生徒指導計画に基づいて，一貫性のある生徒指導を行っている。

　生徒指導計画は特定の教師が作成するのではなく，全教師の意見をふまえつつ，学校全体で作成する。このことにより，生徒指導体制のなかで各教師の役割が自覚化できる。生徒指導計画の例としては，次の表5のようなものがある。

表5　中学校　年間生徒指導計画例[63]

時期	指導目標	指導内容
4月	新クラスの人間関係づくり	・クラスの行事企画 ・エンカウンターの実施
5月	クラス内の役割と責任の自覚	・係，委員の仕事内容の点検 ・活動度の自己点検
6月	人権・生命の尊重	・学校生活の調査 ・命を語る保護者会

（林　尚示・服部伴文・村木　晃『ワークシートで学ぶ生徒指導・進路指導の理論と方法』春風社，2013年，67頁　より引用）

　この事例では，例えば6月の「人権・生命の尊重」を目標とする「学校生活の調査」で，児童生徒の人権尊重の意識や生命の尊重の意識を把握できる。また，「命を語る保護者会」で，保護者にも人権・生命の尊重について考えるきっかけを提供することもできる。

　このように，学校は生徒指導体制を整えて計画的に生徒指導をしなければならない。この計画的な生徒指導を実りあるものとすることが「いじめ」の解決の糸口になる。

（b）　教師が行う教育相談

　学校では教育相談が行われている。スクールカウンセラーが実施する場合もあるが，教師が実施することもある。学校の教育相談は，「本来，一人一人の子どもの教育上の諸問題について，本人又は保護者，教職員などにその望ましい在り方について助言指導すること」[64]である。教育上の諸問題を中心とし

事例3（2011年）

て対応することが，一般的なカウンセリングとは異なっている。

　教師が児童生徒やその保護者に助言指導するメリットは，児童生徒の学校での生活実態を生かして指導できることであろう。また，他の教師からの情報も活用して，バランスのとれた指導ができることであろう。

　この事例の場合，担任の教師は，男子生徒がプロレス技をかけられて半泣きになっている状態で，技をかけている生徒に対して「あんまりやりすぎるなよ」と声を掛けて立ち去ったという[65]。この場合，担任の教師はプロレス技をかけられている生徒から「いじめ」の訴えがなかったので，自信をもって「いじめ」だとは考えなかったと思われる。また，女子生徒から担任の教師へ，男子生徒が受けているのは「いじめではないか」という指摘があった[66]。これは，クラスの生徒がこの状態を改善したいと考えてのことであろう。担任の教師は，男子生徒に「いじめ」について確認しているが，男子生徒からは，「大丈夫。何もない」と答えがあったという[67]。

　この場合，担任の教師が，その後，必要な対応をとらなかったことが課題である。このような場合には，まず，他の教師や管理職に情報として伝えておくことが望ましい。早期発見・早期対応が求められる事例であるといえる。

　教育相談は，呼び出し相談以外にも，チーム相談，チャンス相談などもある。他の教師と連携して複数教師がチームで相談を受けるなどの対応ができる。今回の事例でいえば，廊下や昇降口で当該男子生徒を見かけた際，定期的に声をかけてチャンス相談の機会をつくる工夫もできたであろう。また，担任の教師に話しにくい内容であれば，他の教師，養護教諭，スクールカウンセラー，スクールソーシャルワーカーなど，教育相談の対応窓口が複数あることを男子生徒に伝えて，「いじめ」からの救済を図ることも可能となる。

　自殺予防のためにも，教育相談は重要な役割を担っているのである。

2）　特別活動の視点からの検討
　(a)　学級活動での対応

　日本の学校教育は，1872（明治5）年の「学制」以降，初期には，学力主義の学校としての特徴が強かった。それが，1890（明治23）年以降，落第のない学級の「持ち上がり」のある学校へと変化していく。そのことによって，学級会が生成し，学級経営が本格化する。そして，学級の生活づくりや適応指導

など，現在の学級活動が誕生してくる[68]。

このように，学級が単なる学習集団ではなく児童生徒の生活集団となっているため，「いじめ」も学級活動で対応できる内容である。以下で検討しよう。

(b) 中学校の学級活動の内容

①内容(1)は「学級や学校の生活づくり」であり，三つの項目に分かれている。このなかで，「ア 学級や学校における諸問題の解決」についての授業が活用できる。

教室で顔に落書きされる，教室で制汗スプレーをかけられる，教室で消しゴムのカスを頭にかけられ，紙を口に入れられる，昼食のパンを勝手に食べられる，3階教室の窓から体を突き出すことを強要される，教室で「お前，きもいんじゃ」「死ね」「お前の家族全員死ね」といわれるなどは，教室内で行われたことである。そのため，課題解決をテーマとして学級活動を展開するとよい。

また，移動教室のときに荷物を持たされる，ヘッドロック（プロレス技）をかけられて教室・トイレ内・廊下で頻繁に暴行を受ける，体育大会で口・顔・手足に粘着テープを巻きつけられてすねに粘着テープを貼られて剥がされるなども学校での出来事である。そのため，学校における諸問題の解決として学級活動(1)で取り扱える内容である。

②次に，内容(2)は「適応と成長及び健康安全」であり，九つの項目に分かれている。このなかで，「オ 望ましい人間関係の確立」についての授業が活用できる。

現代の青少年の状況をふまえた学級活動の指導では，文部科学省は，次のように説明している。

> 人間関係の希薄さや他人に共感して思いやる心の弱さなどが指摘され，それがいじめや暴力行為などの問題行動や不登校などの一つの要因になっていることに留意し，人間関係を形成する力や自己表現力，他者への思いやりや正義感，連帯感や協力心などをはぐくむ取組を積極的に進めていく必要がある。　　　　　　　　　　　　　　　　　　（文部科学省，2008年）[69]

教師は，いじめ，暴力行為，不登校などの予防として，他人に共感する心や思いやる心の大切さを学級活動では指導していきたい。

③ 最後に，内容(3)は「学業と進路」であり，五つの項目に分かれている。このなかで，「オ 主体的な進路の選択と将来設計」についての授業が活用できる。

将来設計について指導することによって，それぞれの生徒に夢や希望をもたせる指導ができる。そして，それぞれの生徒の夢や希望に基づいて進路設計をし，キャリアプランを定めさせるとよい。長期的な目標があり，未来を意識しつつ現在の困難な状況を解決していくことによって，生徒指導上の諸問題に前向きに対応できる。

現在の困難な状況に絶望してしまいそうな生徒にも，長期的に人生を考える機会を提供することによって自殺予防の効果が期待できる。学校は次の世代を育てる場所であるので，すべての生徒が将来の目的を達成できるように支援していくことが必要なのである。

── **事例4（2010年）** ──────────

　小学校6年生の児童が2010年10月23日に自宅で自ら命をたった問題で，学校側が2010年11月8日に記者会見を開き，学校で児童への「いじめ」があったことを認めた。その経緯は以下のようである。

《4年生の秋》G市の市立小学校に転入

《5年生1学期》1学期を振り返る作文で「あんまり楽しくなかったです」「心にきずつくことを言われたからです」と書く

《10月》プロフィール帳のカードに「(願い事は) 学校を消す」と書く

《3月》プロフィール帳に「うらむ人にやられたことをやりかえす」と書く

《6年生1学期》「友達にいやなことを言われた」と担任に訴える【担任が発言した子指導】

《夏ごろ》転入する前の友達に「大阪に行くんだ」という手紙を書く

《9月28日》席替えしたが給食を一人で食べる

《10月14日》【席替え】

《16日》ノートに「やっぱり『友達』っていいな！」という題の漫画を描く

《19, 20日》欠席

《21日》校外学習に参加し，同級生に「何でこんな時だけ来るの」と言われる。父親が担任に相談【担任が発言した子指導】

《22日》欠席【給食班廃止】

《23日》自宅で首をつって亡くなる

（朝日新聞，2010年11月9日）[70]

　そして，父親の認識，校長の認識，自殺の直前の児童の様子については次のようである。

父親による認識

- 2008年にA県から転校した彼女は2009年から一部の同級生に「臭い。あっちへ行け」と言われたり，無視されたりした。
- いじめが一時収まるが，6年生で再び始まり，9月に学級の児童が給食を仲良しどうしでとるようになると孤立した。
- 父親は，母親がF国出身者であることもいじめの一因だと思うと語っている。

事例4（2010年） 51

・母親が授業参観すると，悪口を言われ，以後いじめられるようになったという。

校長の認識

・校長は「（一部児童との関係が）良くない状態にあったのは間違いないが，いじめという認識はなかった。」
・Aさんに嫌なことはないか話を聞くこともあったが『特にない』と答えていたと説明した。

自殺の直前の児童の様子

・ノートに漫画を描き残していた。
・その漫画では，小学生の転校生がクラスメートに「よろしくお願いします」とあいさつし，担任の先生もにこやかに「仲良くしてあげてください」と紹介する。
・題は「やっぱり『友達』っていいな！」。

(毎日新聞，2010年10月29日付 をもとにまとめた) [71]

さらに，学校は「いじめ」を認める一方で，自殺は予測できず，直接的な原因は特定できなかったとして，「いじめ」と自殺との因果関係は認めなかった。そして，

学校の今後の対策として，市教育委員会は，
（1）相談体制の充実や学校生活アンケートの定期的実施
（2）道徳の時間の活用
（3）授業中の児童指導の充実
（4）保護者との連携
（5）地域との連携
（6）教育委員会との連携
などを発表した。

(毎日新聞，2010年10月29日付 をもとにまとめた) [72]

この事例では，小学校第4学年から小学校第6学年までの長期にわたって，「いじめ」が継続している。

まず，小学校第4学年の秋に転入しているため，その際の指導が大切であった。転校生は，入学時からともに過ごした学年の児童たちとすぐに打ち解ける

ことはできにくい。そのため，例えば，特別活動の学級活動で歓迎会を兼ねた2学期末のお楽しみ会をしてあげるなどの工夫ができる。

また，第5学年の1学期を振り返る作文で，学級内で他者を傷つける発言があり，転入生があまり楽しくないという印象をもっている場合は，学級内での言葉の使い方についての指導をするとよかった。具体的には，「チクチク言葉とやわらか言葉」のような表現を変えて他者に配慮することを指導することが，生徒指導上の理由からも学級活動の内容からも実施できる。

当該児童の第5学年10月の「(願い事は)学校を消す」という記述については，教師が発見した場合は早期に保護者と相談し，当該児童の心の安定を図る工夫をするとよかったと思われる。また，第5学年3月の「うらむ人にやられたことをやりかえす」という記述からは，うらみの感情を緩和するカウンセリングの必要性が指摘できる。

当該児童が傷つくことを言われている状況は第6年の1学期までも続いている。このときの発言した児童への指導が適切で効果があれば，その後の状況は改善できたのではないだろうか。当該児童は友達を求めながらも，うまく人間関係をつくれていなかった。そのため，給食を一人で食べる状況に陥り，学校を欠席しがちになる。担任教師は傷つく発言をする児童に指導をしているものの，効果が充分であるとは考えにくい状況である。

ただし，すべてを担任教師に任せきりにせず，スクールカウンセラー，学年主任，管理職などの適切なサポートが必要な校内の組織体制の問題でもあるだろう。

1) 生徒指導の視点からの検討

この事例においては，国際化での指導（1-3-1項(b)），および学級崩壊（1-3-1項(d)）にいかに対処していくか，これまでにも増して慎重な対応が求められることがわかる。

(a) 給食指導

本事例では，被害者であるAさんは，複数の児童から「臭い」などの心ない言葉を言われたことと，仲間どうしが食べるようになった給食を一人で食べたりしていたことなどが指摘されている。給食は健康を維持するための食事についての指導であるため，生徒指導の保健指導の一部である。また，他者と共

事例4（2010年）　　　　　　　　　　　　　　　　　　　　　　　　53

感する体験をさせることは道徳性指導の一部である。

　教師は，給食も生徒指導の一部であるという認識をもち，仲間どうしで食べている給食に一人だけ孤立している児童がいた場合には，道徳性指導の面からも保健指導の面からも適切な指導が必要である。

2）　特別活動の視点からの検討
（a）　学級活動での生徒指導

　学級活動では「望ましい人間関係の形成」などの内容を指導するが，その際，教師は教材として様々な工夫ができる。ここでは，活動型の教材として活用できる構成的グループ・エンカウンター，ソーシャルスキル・トレーニング，アサーション・トレーニングを以下に紹介する。

（b）　学級活動で活用できるグループ・アプローチ

　①構成的グループ・エンカウンター（Structured Group Encounter：SGE）
いじめ対策として，バースディ・リング，じゃんけん自己紹介，ブラインド・ウォーク，心の肩たたき，好物ビンゴなどのエクササイズを活用できる。朝の会や帰りの会でも活用でき，学級活動でも導入の段階で活用できるものとして，「心の肩たたき」を紹介する。これは，次のような内容の活動型教材である。

　　2人1組になり，1分ずつ肩をたたきあう。これは肩もみでもよいし，マッサージでもよい。ただし，相手に心地よくなってもらおうという気持ちが伝わることを意識して行う。　　　　　　　　　　　（柴崎直人，2012年）[73]

　心の肩たたきは，スキンシップを通して感情を共有できるエクササイズである。この活動は，望ましい人間関係を形成するために他者に共感する能力が身につけられるため，学級活動で取り扱いたい活動型の教材である。

　②ソーシャルスキル・トレーニング（Social Skills Training：SST）　これは望ましい人間関係の育成のためのスキルを向上させる練習である。方法としては，インストラクション，モデリング，行動リハーサル，フィードバックの流れを基本とする。活動プログラムの初級の例としては，「上手な聴き方」などがある。「上手な聴き方」を例として説明しよう。この例では，望ましい権限関係の育成のために獲得させたいスキルとして，「相手の気持ちを受け入れ

ながら聴く」「笑顔で，最後まで話を聴く」「相手の目を見て，うなずきながら聴く」を設定し，上記の基本的流れに即して実施する[74]。

　③ アサーション・トレーニング　これは，適切なアサーション（assertion）の方法を児童生徒に習得させるトレーニングとして学級活動に導入できる。このトレーニングでは，児童生徒の表現のタイプを，攻撃的（aggressive），非主張的（non-assertive），主張的（assertive）に区分する。

　例えば，欠席しがちな児童生徒が登校した場合，誹謗中傷の表現になってしまうのは攻撃的な自己表現である。そして，アサーティブな表現を児童生徒に説明し，練習をする。アサーティブな方法としては，DESC（デスク）法が取り入れやすい。それは，次のようなものである。

　Dは描写（describe）で，状況の客観的な描写である。Eは表現（express），説明（explain），共感（empathize）で，描写した事実に対する主観的な感情表現である。Sは提案（specify）で解決案の提案である。Cは選択（choose）で提案が受け入れられたときの自分の行動と，受け入れられなかったときの自分の行動である[75]。

　この事例における児童生徒の「臭い」などの一方的な表現は他の児童生徒にストレスを生じさせるため，描写・説明・提案・選択型の表現にして，児童生徒相互に最善の妥協策を見いだせるように導きたい。それは，児童生徒どうしで生徒指導上の諸問題を解決することが理想であるためである。

事例5（2009年）

　2009年7月，川で高校1年の男子生徒2人が水死した。当初は水難事故と考えられていた。しかし，水死した2人の生徒は，一緒にいた同級生の少年と少女によって，背中を押されて川に落とされていた。

　少年事件課によると，MさんとUさんらは昨年〔2009年〕7月19日夕，河川敷に到着。午後7時10分ごろ，まず男子生徒の一人が護岸から飛び込んだ後，Uさんが少年に背中を押されて川に落ちた。さらに少年を含む男子生徒が次々と飛び込んだ。最後にSさんが護岸に近づき，少女に背中を押されて川に転落。Sさんはすぐにおぼれ，その後，Uさんもおぼれたという。

　Sさんはこの直前に「おれ，泳げないんだよ」と訴えていた。少年と少女は背中を押したことを認め，「死ぬとは思わなかった」と説明。Sさんが泳げないことについても「冗談だと思った」と話しているという。

　　　　　（〔　〕内は筆者による）　　（朝日新聞，2010年7月9日）[76]

　さらに，この事件については，警視庁少年事件課により次のこともわかっている。

- 少年らは現場近くの公園で水の入った風船をぶつけ合い，体がぬれたことから川に入ることになったという。
- 同級生や目撃者の証言などから，いじめではなく遊びのなかで起きた事故と結論づけた。
- 警視庁は，同級生6人の話から当初は水難事故とみていたが，2人が押されて川に落ちる様子が映った携帯電話の動画データをMさんの父親が入手したことがきっかけとなり，発生5カ月後から再捜査していた。

　　　　　（毎日新聞，2010年7月9日付 をもとにまとめた）[77]

　「おれ，泳げないんだよ」と訴える生徒を，川にむりやり落とす行為は，行き過ぎた行為である。突き落とした生徒は「死ぬとは思わなかった」と考えても，結果として，溺死につながってしまった。悪ふざけか，「いじめ」か判断はつきにくい事例であるが，根底にある考え方は共通であろう。

1) 生徒指導の視点からの検討
(a) 「いじめ」としての特徴

　泳げない生徒が他の生徒から背中を押されて川に転落し，死亡した事件である。転落した生徒は，背中を押した生徒に事前に泳げないことを伝えていたという。背中を押した生徒は，泳げないことについて「冗談だと思った」と話し，「死ぬとは思わなかった」と説明し，「驚いた顔が見たかった。申し訳ない」と反省している[78]。背中を押した生徒は結果を予見できず，いたずらのつもりで行った行為が重大な結果になっている。

　「いじめ」とは，「当該児童生徒が，一定の人間関係のある者から，心理的，物理的な攻撃を受けたことにより，精神的な苦痛を感じているもの」である（1.1節参照）。そして，起こった場所は学校の内外を問われない。この「いじめ」の定義から考えると，同じ学校の生徒が，泳げず，川に行くことをいやがる生徒を川に連れて行き，背中を押して川に転落させ，救助しなかったことは「いじめ」と判断できる。それは，一定の人間関係がある者からの行為であり，心理的にも物理的にも攻撃があり，その時点で泳げない生徒にとっては精神的な苦痛を感じているからである。

　背中を押した生徒も，泳げないという生徒の説明が「冗談かと思った」ということと，川に転落させて「驚いた顔が見たかった。」という説明とは齟齬がある。泳げないから背中を押され川に転落させられたら驚くのであり，他の生徒が泳いでいるのであれば，泳げる生徒ならば同様の行為をされてもさほど驚かないはずである。

　2009年7月19日は日曜日であり，高等学校の教師からみた場合，男子生徒6人，女子生徒2人で公園や川で遊んでいること自体を把握することは困難である。しかし，水を入れた風船をいくつもS君にぶつけ，川に連れて行かれることを断る生徒をむりやりに川に連れて行き，結果，男子生徒の2人の尊い命を奪ったことは行き過ぎた行為である。

(b) 余 暇 指 導

　日曜日に起きた事件であっても，学校の生徒指導で事前対応の機会がないわけではない。生徒指導の内容の一つに余暇指導がある。高校であれば日曜日にも部活動があることもある。その場合，部活動が終了した後の日曜日の過ごし方も余暇指導と考えてよい。余暇指導には，次のような例がある[79]。

事例5（2009年）　　　　　　　　　　　　　　　　　　　　　　　　　57

　　・長期休暇の計画的な過ごし方について指導する。
　　・週末の有意義な過ごし方について指導する。
　　・休日に興味や関心を深められる体験型の活動について指導する。
　これらの指導は，小学校から高等学校まで一環として指導されている生徒指導の内容である。本事例は，夏休み直前の事件であり，これから長期休暇の指導をする矢先の事件であった。また，週末を有意義に過ごすという観点からは，公園での水かけや川遊びが自分にとってどのような意味や価値があるのかを考えさせたい。公園での水かけや川遊びは体験型の活動ではあるが，自己および他者の大切さを前提とした活動であるかどうかを振り返らせたい。
　高校生は，余暇をどのような人間関係のなかで過ごしているのかイメージをもつことも教師に必要な資質である。高校生の余暇の活用についてのアンケート調査結果から，現代の高校生の行動パターンを把握することができよう。その目的と同伴者についての回答からは，同伴者は「友達」，購買行動をともなう場合の目的は「買い物」「カラオケ」「映画」などが多い[80]。
　休日に，家にいるよりも友達と行動をすることがわかる。学校で自他の人権が尊重されるように，休日にも同様の行動をとるように余暇指導を充実させたい。

　(c)　危機管理と安全指導
　学校の危機管理の観点からみると，夏休みに児童生徒の水難事故が多発する。文部科学省スポーツ・青少年局は，各都道府県教育委員会などに「水泳等の事故防止について」という通知を出している。これは，海や河川における事故が多く発生していることを受けた通知である。この通知では，家庭との連携，安全指導，事故防止措置などについての内容を含んでいる。家庭との連携については，次のように説明している。

　　児童・生徒が個人やグループで水泳や水遊びに出かけるときには，必ず保
　　護者や水泳の熟練者と同行するよう指導するとともに，事前に，行き先，
　　帰宅の予定日時，同行者等を家庭に知らせるよう習慣づけること。
　　　　　　　　　　　　　　　　　　　　　　　（文部科学省，2002年）[81]

　水遊びには危険があることを児童生徒と保護者が共通に認識し，休日などは

家庭でも児童生徒の安全について意識させたい。

さらに，学校で危機管理上の理由から実施する生徒指導の安全指導については，

> 児童・生徒の発達段階に応じて，水泳等に関する事故の危険を予見し，自ら回避できるよう学校，家庭，地域において適切に指導するなど安全指導の充実に努めること。　　　　　　　　　　（文部科学省，2002年）[82]

としている。学校でも，水遊びにともなう水難事故の危険性を児童生徒に的確に知識として伝え，児童生徒に自己の危険を予見する力を育てたい。

一方，水難事故の危険がある箇所を監督する者については，次のように説明している。

> 海，河川，湖沼池，用水堀，プールなどの水難事故発生の恐れのある場所については，防護さく，蓋，危険表示の掲示板や標識の整備，監視員の配備，巡回指導の周知など，市町村，警察署，消防署，保健所等との協力により点検を行い，事故防止について万全の措置を講ずること。
>   （文部科学省，2002年）[83]

学校は，生徒指導ための活動の一環として，近くの海，河川，湖沼池，用水堀，プールなどの管理状態を把握するとよい。

2） 特別活動の視点からの検討
(a) 特別活動での安全教育

高等学校の特別活動は，ホームルーム活動，生徒会活動，学校行事で構成されている。安全教育については，ホームルーム活動の「(2) 適応と成長及び健康安全」の「ケ 生命の尊重と安全な生活態度や規律ある習慣の確立」を中心として指導ができる。

担任の教師がホームルームの生徒に対して指導する場合は，ホームルーム活動で安全教育を実施することが適している。また，ホームルーム単位ではなく，全校あるいは学年などの集団を単位として安全教育を実施したい場合，学校行

事を活用することが適している。学校行事では,「(3) 健康安全・体育的行事」で指導ができる。健康安全・体育的行事では,安全な行動の体得が内容に含まれている。そして,学校行事の目標は望ましい人間関係の形成,所属観や連帯感を高めること,協力すること,自主的実践的な態度を育てることなどが含まれている。本事例のような事故を防ぐためにも,安全教育を積極的に推進したい。

(b) ホームルーム活動での「生命の尊重」と「安全な生活態度の確立」

ホームルーム活動が,楽しい雰囲気を目指し,生徒の諸問題の解決を目指すというホームルーム活動導入当初の理念は,今日も継続している。そして,現在の高等学校ホームルーム活動のなかでは,例えば「適応と成長及び健康安全」についての内容で,この事例のような事態を未然防止できる。

高等学校のホームルーム活動の「(2) 適応と成長及び健康安全」の「ケ 生命の尊重と安全な生活態度や規律ある習慣の確立」のなかで,特に,生命の尊重と安全な生活態度の指導についてみてみよう。

① 生命の尊重については,高等学校の教師がホームルーム活動を指導する際の参考とする文部科学省による解説では,次のように示されている。

> 人間尊重の精神と生命に対する畏敬の念をもって自他の生命をかけがえのないものとして尊重する精神と態度や規律ある習慣を確立するとともに,学校内外を含めた自分の生活行動を見直し,自ら安全に配慮するとともに,危険を予測できる力や危険を回避し的確に行動できる力を高めていくよう日ごろからの注意の喚起や指導が必要である。(文部科学省,2009年)[84]

この事例についても,泳げない生徒の背中を押して川に落とした高校生に,人間尊重の精神や生命に対する畏敬の念があれば行動を思いとどまらせることができた。さらに,自己の安全に配慮する力が高ければ,そして,危険予測や危険回避ができる力が高ければ,未然に防ぐことができた結果である。

「いじめ」や暴力行為などを防ぐためにも学校教育は行われる。生徒が卒業し社会人となった後にも他者と望ましい人間関係を築いていく力が必要である。そして,なによりも危険予測や危険回避ができる力を高等学校段階で高めておくことが,生徒のその後の人生に必要である。また,人間の生命について

の正しい価値観をもたせることも高等学校での教育の大切な内容である。

②ホームルーム活動は各1時間で35週実施される高等学校の授業であり，その授業内容は全国共通である。そして，全国共通の内容に「安全な生活態度の確立」が含まれている。文部科学省の学習指導要領解説では，危険を除去する態度を養わせるために，

> 事故の発生状況や危険箇所の調査結果や映像資料等をもとにした話合い，『ひやり，はっとした』といった体験に基づく感想や発表，安全マップの作成，実技を通した学習，ロールプレイングなど実践力の育成につながる様々な方法による展開が考えられる。　　　　　（文部科学省，2009年）[85]

と説明している。

安全な生活態度では，高等学校の題材としては交通事故の予防について取り扱うことが多い。しかし，海や一級河川のある場所では，水難事故の未然防止も題材とできる。警察庁の水難事故統計「平成23年中における水難の概況」によると，全国の発生状況は次のようである。

表6　2011年中の水難

	数	前年対比
発生件数	1,396件	−177件
水難者数	1,656人	−146人

（警察庁，2012年）[86]

水難の場所の内訳では，海（45.9％），河川（33.6％），用水路（10.6％）などが多い。海が多いように考えられがちであるが，多くの国民の生活圏に河川や用水路などがあるため，河川なども危険箇所として要注意である。川遊びに行く際は保護者同伴とするなど，学校としての指導が必要である。

(c)　学校行事での安全教育

高等学校の学校行事は「儀式的行事」「文化的行事」「健康安全・体育的行事」「旅行・集団宿泊的行事」「勤労生産・奉仕的行事」である。このなかで，特に健康安全・体育的行事で安全教育を充実させることができる。

健康安全・体育的行事は，「心身の健全な発達や健康の保持増進などについ

ての理解を深め，安全な行動や規律ある集団行動の体得，運動に親しむ態度の育成，責任感や連帯感の涵養，体力の向上などに資するような活動を行うこと。」[87]と定められている。

　本事例のような河川での水難を防ぐためには，これらの活動のなかの「安全な行動や規律ある集団行動の体得」や「責任感や連帯感の涵養」などの指導を徹底するとよい。安全に関する行事では，「事故防止に対する知識や態度を体得させるとともに，災害や犯罪などの非常事態に際し，沈着，冷静，迅速，的確に判断して対処する能力を養い，自他の安全を確保することのできる能力を身に付けること。」[88]としている。

　この事例から次のことがいえる。学校での安全に関する行事は交通事故の未然防止を中心とするが，河川での水難についても，高校生が事故防止の知識や態度を充分にもっていたら今回の事態は避けられたであろう。また，溺れている高校生を救助する際にも，沈着，冷静，迅速，的確に判断できていれば，安全が確保できる。そのため，学校行事で非常事態対応について指導することは，自他の安全の確保の観点からきわめて重要である。

事例6（2008年）

中学3年の女子生徒が2008年7月にネットいじめを受け3カ月後に自ら命をたった。この事例については，次のことが明らかになっている。

　　同市役所で開かれた記者会見には校長と市教委〔市教育委員会〕指導2課長ら計3人が出席。校長によると，同日の始業前に緊急全校集会を開き，昨年10月，女子生徒が自宅で自殺したことや，昨年7月にネットいじめがあって書き込みをした生徒が謝罪したことなどを伝えたという。

　　市教委側は「ネットいじめと自殺は直接の因果関係はないと思うが，無関係とは言い切れないと思う」との見解を示した。また，ネットいじめの対策として「学校と保護者が危険性を認識し，指導することが極めて重要だと再認識している」と説明した。

　　　　　（〔　〕内は筆者による）　　　（朝日新聞，2009年1月20日）[89]

その後，学校では，3年生全員を対象として無記名のアンケート調査を実施している。教育委員会の調査委員会は事後の中学校の保護者会で，具体的な「いじめ」が確認できなかったとの結論を報告している。

また，次のことも明らかになっている。

事件について
- 中学3年の女子生徒が自殺し，「復讐します」などと書かれた遺書が見つかった。
- 市教育委員会は19日，同級生による「ネットいじめ」があったことは認めたが，「直接の原因とは考えられない」との見解を示した。
- 女子生徒の母親（42歳）は「ネット上や学校で何があったのか親には知るすべがない」と話し，両親は他に「いじめ」がなかったか学校側に調査を求めている。

ネットいじめの内容
- 女子生徒は自殺した同年6月にこの中学に転校し，まもない7月上旬，同級生の携帯電話の自己紹介サイト（プロフ）に「転校生。うまくすれば不登校になる」などと書き込まれているのを見つけ，学校に相談する。
- 同級生の女子生徒2人が関与を認めたため担任らが謝罪させる。
- 女子生徒の死亡後に見つかった遺書には，この同級生2人のうち1人の

事例6（2008年）　　　　　　　　　　　　　　　　　　　　　　　　　63

> 　　実名をあげ，「復讐します」などと書かれていた。
> ・遺書に日付はなかった。
> 記者会見の校長の見解
> ・同級生の謝罪後，3カ月たっており，女子生徒は2学期も休まずに通っていた。
> ・（いじめと自殺は）無関係とは言い切れないが，直接の因果関係はないと考える。
> 　　　　　　　　　　　（毎日新聞，2009年1月20日付 をもとにまとめた）[90]
> 　さらに，その後の経過で次のことが明らかとなっている。
> 事後のアンケート
> ・再調査は校長ら教師と市教育委員会，PTA，学校相談員の計11人で実施。9日に3年生231人に対し，自殺した女子生徒へのいじめの有無などを無記名のアンケートでたずねた。
> ・その結果，9人が「いじめがあった」と回答。
> ・しかし，「クラスで仲間外れにされていたらしい」「雰囲気でなんとなくいじめと分かった」との記述で，「憶測が含まれている」としていじめとは認定しなかった。
> 市教育委員会と校長の会見（2009年3月23日）
> ・いじめの再調査について，「具体的ないじめは確認できなかった」と発表。
> ・ネットいじめと自殺の因果関係についても，「直接の原因とは考えにくい」と改めて否定。
> 　　　　　　　　　　　（毎日新聞，2009年3月24日付 をもとにまとめた）[91]

　「ネットいじめ」についても他のいじめと同様に学校では充分な対応が必要である。

1） 生徒指導の視点からの検討
（a）「ネットいじめ」
　本事例では，携帯電話の自己紹介サイト（プロフ）が契機となり，いじめが表面化した事例である。インターネットを利用した「いじめ」では，記録が根拠となり，「いじめ」の発見につながる。具体的には，「転校生。うまくすれば

不登校になる」などの書き込みから，転校生を不登校にしようとする生徒の意図が読み取れる。

その後の学校の対応としては，担任の教師などは，関与を認めた生徒に謝罪させている。教師や学校側からみた場合，生徒に問題行動があり，それを指摘し解決したこととみえたかもしれない。

しかし，7月に「ネットいじめ」があり，10月に「いじめ」をうけた生徒が自ら命をたっている。7月に「いじめ」が解決して終焉していたかははっきりしないが，亡くなった生徒の遺書には，「いじめ」を行った生徒の実名を記載して「復讐します」と書いている。「復讐」とは相手からの仕打ちを契機として，相手に対して攻撃行動をとることである。このような行為がもつ意味については，教師や保護者の立場からは，生徒に再度検討させたいことである。

(b) 「いじめ」を受けた生徒の救済

生徒指導は，すべての児童生徒の人格をよりよく発達させることを目指している。そのため，「いじめ」を受けた生徒を救うことも，「いじめ」をした生徒に反省を促すことも生徒指導に含まれる。教師は児童生徒の学校生活が有意義で興味深く，充実としたものとなることを目標として生徒指導を行いたい[92]。

この目標を達成させるために，「いじめ」を受けた生徒と「いじめ」をした生徒の関係がその後改善されるかどうかを，朝の会，帰りの会，授業中などに注意深く観察していくこととなる。例えば，学期単位での学級の生徒の座席配置，学習班や生活班などの編制に際して，学年主任や生徒指導主事などに充分に説明できるようにしておくとよい。具体的には，「AさんとBさんを隣どうしにしたのは○○という理由である。」や「この2人をCさんから離れた位置にしたのは○○だからである。」などである。

2） 特別活動の視点からの検討
(a) 学級活動との関連

中学校の学級活動は，各学年35週にわたって，50分の学級活動が35回実施されている。内訳は，(1) 学級や学校の生活づくり，(2) 適応と成長及び健康安全，(3) 学業と進路，である。このなかの「(2) 適応と成長及び健康安全」には九つの内容がある。その九つの内容のうち，特に，「思春期の不安や悩みとその解決」と「自己及び他者の個性の理解と尊重」を充実させることが，本

事例6（2008年）

事例のようないじめ予防には効果的である。

①まず，学級活動における「思春期の不安や悩みとその解決」との関係から対策を考えてみよう。中学校の時期については，「自我の発達はまだ未熟な面もあり，自分に対する他者の態度や評価で動揺しやすく，自信を失ったり自己嫌悪に陥ったりすることも少なくない。」[93]といった特徴がある。この特徴は，発達の過程で経験する道であり，それぞれの生徒が独自の方法で克服していくことになる。

教師は，他者が気になり自尊感情が低下傾向にある中学生に対して，学級集団や学校，そして社会に適応できるように人間関係についての指導をしなければならない。学級でのレクリエーションなどはその代表的な例である。

②次に，学級活動における「自己及び他者の個性の理解と尊重」との関係から対策を考えてみよう。転入した生徒が速やかに学級に適応できるようにするために，転校生に対する「ネットいじめ」については，学級担任の教師としては予防的な指導が必要である。学級活動でも，学級担任の教師は「自己及び他者の個性の理解と尊重」の内容について生徒に学習指導をしている。特別活動も国語や社会などの各教科と同様に，学習指導のための目標や内容が全国の学校で共通となっている。そのため，全国的な「いじめ」の解決のために全国規模で活用することができる。

具体的な指導方法について，『中学校学習指導要領解説　特別活動編』では次のように説明されている。

> 入学直後や学級編成替えなどにより新たな人間関係を築くことが求められる時期には，自分の長所・短所，友人への期待と励まし，自他の個性を知りそれを生かす方法などの題材を設定し，自らを振り返ると同時にグループや学級全体で話し合う活動などが考えられる。
>
> （文部科学省，2008年）[94]

新たな人間関係を築くのは，学級編成替えのときとともに，例えば，本事例のように，中学校3年生の途中の時期に転入生受け入れをした場合も含まれる。転入生受け入れを契機として，再度，各生徒が自己を振り返り，長所・短所，友人への期待と励まし，自他の個性を知り，それを生かす方法などについて考

えさせるとよい。

　その際，ソーシャルスキル・トレーニングの方法も活用できる（事例4の2）(b)②を参照）。特別活動で活用することを前提としてソーシャルスキル・トレーニングを紹介すると，その主なものとして，強化法，モデリング法，仲間媒介法，コーチング法，社会的問題解決スキル訓練など[95]）がある。

　強化法は，例えば，児童生徒に挨拶などの社会的賞賛に値する行動が生じた場面で，教師が賞賛するなどの社会的強化因子を示して，社会的行動の変容や定着を図る方法である。教師による「ほめて伸ばす」教育などで応用されている。

　モデリング法は，児童生徒のなかで社会的行動が適切な者の行動をモデルとして着目し，児童生徒に示して他の児童生徒の行動変容をもたらす方法である。教師による「Aさんの行動はBという理由ですばらしいですね。」などの紹介や，帰りの会での「本日のよい行い」などの場面で活用されている。

　仲間仲介法は，教師が対象児童生徒に直接作用するのではなく，他の児童生徒にスキルを与えて，当該児童生徒と社会的な相互作用をさせる方法である。例えば部活動で，1年生に教師が直接指導するのではなく，上級生にはたらきかけて指導させるような場合に活用される。学級活動の場面では，「いじめ」をしている集団に対して教師が直接はたらきかけるのではなく，学級委員や他の児童生徒からはたらきかけさせ，社会的相互作用をもたらす場面なども想定できる。

　コーチング法は，スキルを明示して実行させ，同時に自己をモニタリングできるスキルを修得させる方法である。学級活動では，教師がコーチとして児童生徒とかかわり，スキルを伝達して児童生徒に修得や実施の状況をモニタリングさせることで実施できる。

　社会的問題解決スキル訓練は，問題解決のプロセスを重視して解決方法の変容を図る方法である。学級活動では，教師が他県のいじめ事件などを事例として提示して児童生徒に問題解決の方法を検討させて，よりよい解決方法を提案させるような授業が想定できる。

(b)　生徒会活動における「異年齢集団による交流」

　生徒会活動は，子どもを自立させるための教育でもある。このことについて，安井一郎は

事例6（2008年） 67

児童・生徒と教師がともに共感的人間関係に支えられ（「安全基地」「見守り」），自らの生活を自らの手で実現していく（「必要性」「動機」）ことにより，学校生活を不断に創造する主体としての意思と能力を形成していく（「自信」）場として，児童会活動・生徒会活動を機能させることが求められている」
　　　　　　　　　　　　　　　　　　　　　　（安井一郎，2012年）[96]

と指摘する。

　教師が適切に指導することによって成り立つ教育活動である児童会活動や生徒会活動で，児童生徒が「必要性」を自覚し，「自信」をもって学校での生活ができるように，学校があたかも「安全基地」のように児童生徒相互に見守られる空間として学校経営をしていきたい。中学校の生徒会活動は，次の五つの内容で構成されている。それは，(1) 生徒会の計画や運営，(2) 異年齢集団による交流，(3) 生徒の諸活動についての連絡調整，(4) 学校行事への協力，(5) ボランティア活動などの社会参加，である。

　これらのなかで，学校での「いじめ」の予防には，「異年齢集団による交流」の指導を中心として取り組むことができる。例えば，新入生を迎える会や卒業生を送る会，校内球技大会，各種のレクリエーションなどを生徒会の企画運営することがある。転入する生徒を迎え入れる場合，学級の一員でもあり，同時に生徒会の一員でもある。

　入学や卒業の時期と転入の時期がずれる場合でも，生徒会の一員として受け入れていることを生徒会執行部から転校生に明示的に示し，転入する学校の生徒会活動について説明するとよい。また，生徒会活動の一部として生徒会が実施する「異年齢集団による交流」の際に，転入生に自己紹介してもらったり，受け入れる生徒会の代表者から歓迎の気持ちを表現するスピーチをしたりと，交流が促進できる配慮ができるとよい。

　なお，生徒会の判断で転入生歓迎の意思表示をすることがない場合も多い。そのような場合，例えば，生徒朝礼などの場で転入生の自己紹介と生徒会の代表者による歓迎の挨拶ができないか，生徒会活動の指導を校務分掌する教師や受け入れ学級の担任教師から生徒会執行部に直接に検討依頼をするとよい。転入生が学校に適応できるように，生徒会活動を活用して生徒主導の共感的人間関係づくりを促進したい。

(c) 特別活動で人間関係を育成するトレーニング

　以上でみたような「思春期の不安や悩みとその解決」「自己及び他者の個性の理解と尊重」「異年齢集団による交流」などを実施するためには体験型の教材を活用するとよい。具体的な手法として活用できるのは，2-4-3項(b)で説明した構成的グループ・エンカウンター，ソーシャルスキル・トレーニング，アサーション・トレーニング，ピア・サポートなどがある。ここでは，ソーシャルスキル・トレーニングについて取り扱ったが，他の方法も必要に応じて「活動型の教材」として特別活動に導入できる。

―― **事例7（2007年）** ――――――――――

恐喝未遂にかかわる「いじめ」の概要について，次のことがわかっている。
- 県警は2007年9月17日，高校3年の男子生徒（17歳）を恐喝未遂容疑で逮捕した。
- 2007年7月に校舎から飛び降り自殺した同じクラスの男子生徒（当時18歳）から，金を脅し取ろうとした疑い。
- 被害生徒は複数の同級生に金を要求されていたと記したメモを残しており，こうした嫌がらせを苦に自殺したとみられる。
- 県警は，逮捕された男子生徒を含む計4人が，被害生徒に40万円以上を要求していたとみて捜査している。

加害生徒の行為
- 男子生徒は6月，被害生徒に複数回にわたり，携帯電話で「夏休み明けまでに金を払え。払わなかったら何されるか分からんぞ」とのメールを送って現金5万円を支払うよう要求し，他の同級生にも1人3万円ずつ渡すよう要求した疑い。

被害生徒の行為
- 被害生徒は7月3日午後，授業中に「トイレに行く」と教室を出た後，5階の渡り廊下から飛び降り自殺した。

（毎日新聞，2007年9月18日付 をもとにまとめた）[97]

　また，いじめ行為のなかで，罰ゲームが行われていたことがわかっている。
　「パチ（うそ）一つにつき，みんなに1万円ずつ払う」。昨年秋，生徒は，逮捕された少年らと罰ゲームを約束した。ささいな言葉尻をとらえられ，「パチ」は繰り返し認定された。罰金は40万〜50万円に膨らんだという。
　同校によると，生徒と，逮捕された3人はフットサル同好会の仲間。いつも行動をともにする「仲良し」グループとみていた。しかし，実態は違った。
　学校近くのお好み焼き店には，生徒ら数人が週に3, 4回訪れていた。いつも生徒が全員分をまとめて支払っていた。生徒が1人で来店し，3, 4枚買っていくことも度々あった。店員には「パシリ（使い走り）で来ている。代金は友達からもらっていない」とこぼしたという。

> お好み焼き屋の店員は「グループから外されるのが嫌だったのでは。人がよくて，断るのが苦手なタイプだと思う」と振り返った。
>
> (朝日新聞，2007年9月26日)[98]

　はじめは高校生同士の小さないたずらのような行為であっても，エスカレートして恐喝につながることもある。教師にとって児童生徒の状況把握は重要である。

1) 生徒指導の視点からの検討
(a) 恐喝未遂

　この事例の場合，同級生複数が一人の高校3年生に40万〜50万円の現金を要求している。そのことが，自ら命をたったことの原因のひとつとなっている。学校では当初，「いじめ」かどうかはっきりしなかったが，県警は，集団いじめがエスカレートして犯罪の領域に達していると判断している。このことから，学校と県警とで，「いじめ」などの根拠の収集方法が異なることがわかる。

　恐喝未遂になるまえに，学校では教育相談で対応できる。教師は定期相談やチャンス相談など，様々な機会に教育相談を実施することができる。そして，そこで得られた情報を担任するホームルーム全体への指導に反映させることができる。現金の要求についてこの特定の生徒間のみで行われたとは限らないし，今後も，始まりはいたずらのような状態で現金の要求が行われることもある。

　このようなことを予防するためには，ホームルーム全体への生徒指導が必要である。ホームルームの生徒集団に規範意識が根づけば，恐喝未遂や「いじめ」は発生しない。しかし，はじめから集団が形成されているわけではなく，規範意識が醸成されているわけではない。そのため，ホームルームの生徒集団がうごき出すまでは，担任教師は先頭を走る児童生徒の一員という意識で集団にかかわることとなる。

　具体的には，「はじめから集団のなかにリーダー的な児童生徒が存在すれば，集団活動の牽引者となることができるが，そうでない場合は教師がリーダーを務めて活動する」[99]ということになる。つまり，学校で望ましい集団活動を実施するための生徒集団が形成されるまでの間，暫定的に教師は生徒集団のリーダーの役割を演じて，生徒のなかからリーダーが出現するのを支援する。こ

事例7（2007年）

の活動は，例えば，ホームルームでの係分担の際の話合いや，係活動を進める際などに教師が活用できる手法である。

(b) 遺書らしきメモ

朝日新聞の2007年9月26日の記事によると，生徒の遺書らしきメモには，自ら命をたった原因についての記載があり，さらに，亡くなった生徒のズボンのポケットに，A4用紙3枚の遺書が入っていたことが報道されている。そのうち2枚は手書き，1枚はパソコンで作成されていた。遺書を手書きで作成するのは，本来は筆跡を真似て作成することが困難であるためである。そのため，本人が遺書を書いたことの証明となる。一方で，パソコンで作成した場合，他人が作成することも可能であり，本人の書いた遺書ではない可能性もでてくる。本事例では，直筆とパソコンの両方であったため，本人のものと判断でき，本人は自ら命をたったこととその原因を残すために遺書を用意したと考えられる。パソコンで作成した文書については，履歴の確認によって自宅のパソコンか学校のパソコンかは事後に調べるとわかることもあり，執筆時間が特定できる可能性がある。

生徒指導の視点からみると，生徒の心に早期に気づいておきたい事例である。

(c) 同級生への借金

遺書らしきメモに記されていた，同級生への借金がたまったがとても払えないので死ぬしかないという認識については，実際は借金ではなく，不当な現金の要求であり，教師や保護者などに相談できれば救えた命である。恐喝や強要につながる行為を見聞きした，あるいは被害にあった場合など，担任の教師，学年主任の教師，部活動顧問の教師，養護教諭，スクールカウンセラー，保護者などに相談するよう全体指導することも，いじめ対策としては有効である。「いじめ」は，被害に遭っている生徒が一人で解決しようとしないで，できるだけ周囲に相談することをホームルーム担任は生徒に伝えたい。

(d) 自　殺

自殺については，一方で助かりたいという葛藤もあるため，自殺のサインを他者に伝えていることが多いという指摘もある。例えば，事故傾性，「自分はいないほうがいい」というような表現，思わせぶりな手紙やブログ，無言の電話，丁寧な挨拶，自分にとって大切なものを人にゆだねる行為，続くうつ傾向，反対に何か吹っ切れたような明るさなど，後で考えてみれば『あれがサインだ

った』と思うような行為や態度が見られることがある[100]という。教師や周囲の関係者が自殺のサインと思われるものに気づいたならば，今後の生徒指導に際して，同様のことが二度と起きないように留意したい。

2） 特別活動の視点からの検討
（a） ホームルーム活動での指導

高等学校のホームルーム活動は，次の目標を達成するために実施されている。『高等学校学習指導要領』には

> ホームルーム活動を通して，望ましい人間関係を形成し，集団の一員としてホームルームや学校におけるよりよい生活づくりに参画し，諸問題を解決しようとする自主的，実践的な態度や健全な生活態度を育てる。
>
> （文部科学省，2009年）[101]

一方で，本事例の場合，高校生らに次のような言動がある。
- 生徒集団「パチ（うそ）一つにつき，みんなに1万円ずつ払う」
- 当該生徒「パシリ（使い走り）で来ている。代金は友達からもらっていない」
- 店員の意見「グループから外されるのが嫌だったのでは。人がよくて，断るのが苦手なタイプだと思う」
- 当該生徒「借金がたまったが，とても払えない。死ぬしかない」

この生徒集団の場合，望ましい人間関係が形成されていたとは考えられない。年間35時間，毎週1時間実施するホームルーム活動で，教師は，担任するホームルームの生徒たちに，自主的・実践的に諸問題を解決する力をつけさせていないことになる。

ホームルーム活動には，「(1) ホームルームや学校の生活づくり」のなかに「ア ホームルームや学校における生活上の諸問題の解決」という内容がある。集団いじめによる金銭の要求は学校での諸問題である。教師が適切に状況把握していれば，ホームルーム活動の指導で解決策や緩和策がとれたと思われる。

また，ホームルーム活動は，「(2) 適応と成長及び健康安全」のなかに「ケ 生命の尊重と安全な生活態度や規律ある習慣の確立」という内容がある。担任

事例7（2007年）　　　　　　　　　　　　　　　　　　　　　　　　　　　　73

する生徒が自ら命をたつようなことがないように，ホームルーム活動の学習内容である生命の尊重については，ホームルーム全体で共有しておきたい価値観である。

(b) 生徒会活動での指導

生徒会活動にも目標がある。生徒会活動はホームルーム活動と同様に，教師の適切な指導のもとで行われる全国共通の学習である。生徒会活動の目標は次の内容である。

> 生徒会活動を通して，望ましい人間関係を形成し，集団や社会の一員としてよりよい学校生活づくりに参画し，協力して諸問題を解決しようとする自主的，実践的な態度を育てる。　　　　　（文部科学省，2009年）[102]

ホームルーム活動と共通性のある目標である。例えば，望ましい人間関係の形成，よりよい学校生活づくり，協力して諸問題を解決すること，自主的・実践的な態度の育成などが重なる。一方で，異なるのは指導形態である。ホームルーム活動はホームルームごとにホームルーム担任の教師が指導することを原則とする。それに対して，生徒会活動は，学校の全生徒をもって組織する生徒会の自治的な活動を教師が集団となって適切に指導する。

教師のリーダーシップが強く発揮される小規模集団型の教育活動がホームルーム活動であり，生徒のリーダーシップが強く発揮される大規模集団型の教育活動が生徒会活動なのである。

この生徒会活動について，教師に求められる能力として，生徒と教師の双方の共通理解がある。これについて安井一郎は，ホームルーム担任の教師が留意したい次の五つのポイントを上げている。それは，①活動の共有，②主体者意識・自治的能力の形成，③努力と結果の対応関係の自覚，④他者との協働性，⑤変化・発展・成長体験の自覚，である[103]。

「活動の共有」は，生徒会活動として取り組む課題が学校生活改善にどのような価値をもつか生徒全体で共有することである。「主体者意識」は，生徒会活動のプロセスに自由を与えるとともに責任も与えることである。「努力と結果の対応関係の自覚」については，目標達成度だけではなく活動後のつまずき体験を含め，成就感について振り返らせることである。「他者との協働性」とは，

必要なときに必要な指導・援助が得られるようにすることである。「変化・発展・成長体験の自覚」とは，活動の結果，確実に変わったという生徒の実感を意識させることである。

「いじめ」についても，教師が指導することの有効性もあるが，生徒集団の自由と責任のなかで解決することもある。生徒全員が学校全体で安定した学校生活を送れるように話し合い，スローガンなどを決めていく活動を展開させたい。あるいは，生徒会役員選挙での次期生徒会体制の争点に「いじめ」への対応をあげるような方向での教師の配慮もできる。

教師の適切な指導のもとで，自治的な生徒会運営によって生徒たちに「いじめ」の解決を図らせたい。

(c) 学校行事での指導

高等学校の特別活動は，ホームルーム活動，生徒会活動，学校行事で構成されている。ホームルーム活動は教室での学習としての特徴がある。生徒会活動は，生徒の自治的活動としての特徴がある。そして学校行事は，教師集団の企画による全校規模の教育活動としての特徴がある。

学校行事も教育活動であり学習指導の一環であるため，『高等学校学習指導要領』では次のような全国共通の目標がある。

> 学校行事を通して，望ましい人間関係を形成し，集団への所属感や連帯感を深め，公共の精神を養い，協力してよりよい学校生活や社会生活を築こうとする自主的，実践的な態度を育てる。　　（文部科学省，2009年）[104]

「望ましい人間関係の育成」「よりよい学校生活」「自主的・実践的な態度の育成」など，ホームルーム活動や生徒会活動と重なる目標もある。そして，「集団への所属感・連帯感」「公共の精神」など，学校行事の特徴となる目標もある。

「いじめ」との関連においては，特に集団への所属感・連帯感に着目できる。お好み焼き屋の店員の「グループから外されるのが嫌だったのでは。人がよくて，断るのが苦手なタイプだと思う」[105]と述べているように，一般に生徒は所属感・連帯感の欠如を恐れる。ホームルームや学校で孤立すると，多くの生徒は学校生活が困難な状態となる。

学校行事は，「儀式的行事」「文化的行事」「健康安全・体育的行事」「旅行・

事例7（2007年）

集団宿泊的行事」「勤労生産・奉仕的行事」の五つの内容で構成されているが，このなかで，生徒を学校内で孤立させず，特に集団への所属感・連帯感を高めさせるために活用ができる内容は，「健康安全・体育的行事」である。『高等学校学習指導要領』によると，健康安全・体育的行事では次の活動が行われている。

　心身の健全な発達や健康の保持増進などについての理解を深め，安全な行動や規律ある集団行動の体得，運動に親しむ態度の育成，責任感や連帯感の涵養，体力の向上などに資するような活動を行うこと。

(文部科学省，2009年)[106]

　そして，健康安全・体育的行事で所属感・連帯感を高めるための具体的な活動としては，体育祭，運動会，各種球技大会，競技会などが含まれる。教師は，これらの教育活動を通して，スポーツの勝ち負けよりも，成就感のような大切なことがあることや，連帯感の大切さなどを指導するとよい。
　また，生徒への所属感の育成については，儀式的行事の入学式，卒業式，始業式，終業式などで意識づけられる。文化的行事の文化祭，学校祭，音楽祭，合唱祭などでも生徒に所属感を意識させることができ，さらに旅行・集団宿泊的行事の遠足，修学旅行，移動教室，集団宿泊，野外活動などや，勤労生産・奉仕的行事の全校美化活動などでも生徒に所属感を育成できる。
　このように，学校行事は生徒の学校での孤立状態を防ぎ，集団への所属感・連帯感を育成するための機能をもっている。教育活動として，そして学習指導として意識して教師が適切に指導することによって，学校行事の効果が発揮される。

事例8（2006年）

　2006年10月11日に，中学2年生が「いじめ」を苦に自ら命をたった。教師の教室での生徒対応が，「いじめ」のきっかけの一つとなっている。状況をまとめると，次のような内容である。

- 中学2年の男子生徒（13歳）が11日，いじめを苦に自宅で自殺した。
- 1年時の担任で，2年の学年主任（47歳）が「からかいやすかった」といじめたことを認め，母親からの相談内容を漏らしていたこともわかった。
- 先生を見て「自分もしていいと思った」と，いじめた生徒は遺族に打ち明けた。

被害児童の自殺当日の様子

- 自殺した日の授業中と昼休み，下校時の計5回，「死にたい」と同級生に話していた。
- 6時限の美術の時間には，スケッチブックに「遺書　いじめが原因です」と書き，死を「予告」した。
- 授業終了後，生徒7人にトイレで囲まれたときも「死ぬ」と話したという。「本当なら下腹部を見せろ」とズボンを下ろされそうになった。

学年主任の言動

- 「からかいやすかった」と話した学年主任は，1年のときにクラスの生徒たちをイチゴの品種にたとえて呼び，成績が悪いと「ジャムにもならず，出荷できない」と言っていた。

　　　　　　　　　　（毎日新聞，2006年10月25日付 をもとにまとめた）[107]

　また，教師が生徒をからかっていたことについて，1年生のときの担任教諭の生徒に対する言動として，次がわかっている。

　　教諭は，生徒が友人の落とした文具を拾ってあげた際に「偽善者にもなれない偽善者」と言うなどしたとされる。

　　　　　　　　　　　　　　　　　（朝日新聞，2006年10月21日）[108]

　さらに，事件からおよそ半年後の2007年3月には，県教育委員会の対応として，次のような処分が行われた。

　　同県教育委員会は6日，M君に不適切な発言をしたなどとして1年時の

事例8（2006年） 77

> 担任の男性教諭（48）を，いじめ対策を怠ったとしてG校長（52）をそれぞれ減給1カ月（10分の1）の懲戒処分にした。教頭（52）と2年時の担任の男性教諭（44）は戒告処分とした。
>
> （朝日新聞，2007年3月7日）[109]
>
> また，加害生徒らに対しては，暴力行為等処罰法違反（共同暴行）の非行事実により家庭裁判所に書類送致されている。

1） 生徒指導の視点からの検討
（a） 遺書からみた「いじめ」

文部科学省の調査では，被害生徒の「いじめられてもう生きていけない」等といったメモが本人の上着のポケット，納屋の床，学校の美術室等にそれぞれ残されていたことが確認されている[110]。

本事例については，遺族である森順二と森美加により『啓祐，君を忘れない──いじめ自殺の根絶を求めて』という図書が出版されている。そこには学生服のポケットから見つかった遺書も掲載されている。そして，納屋を警察が捜索した結果，発見されたもう一通の遺書には，青いペンで両親への伝言が書かれていた[111]。遺書の存在は，「いじめ」がきっかけの自殺なのか，それ以外の原因が大きいのかを知る手がかりとなる。保護者の同意があれば，保護者と教師とで内容を確認したい。

（b） 教師の言動

この事例から，教師の指導において適切ではないと判断できる表現を抽出してみよう。

「からかいやすかった」（M君へ）

「偽善者になれない偽善者」（M君へ）

「ジャムにもならず，出荷できない」（クラスの生徒たちへ）

まず，担任教師による「からかいやすかった」という発言については，教師の自覚に欠ける発言である。教師は生徒を困らせて面白がることが仕事ではない。そのため，生徒に対してからかいやすいか，そうではないかという価値判断をすることは適切ではない。むしろ，特定の生徒が他の生徒から，からかわれやすいかどうかを判断して，生徒を守ることが役割なのである。

次に，亡くなったM君が友人の落とした文具を拾ってあげた際に「偽善者になれない偽善者」という発言をしたことも適切ではない。友人の落とした文具を拾ってあげたことを教師が知った場面は，生徒が善良であると偽っているかどうかを判断する必要のない場面である。根拠がないまま，生徒を偽善者扱いすることは誹謗中傷することである。教師はむしろ誹謗中傷を止める立場である。

さらに，生徒はイチゴではないため，教師が担任する学級の生徒たちをイチゴの品種にたとえて呼ぶこと自体が適切ではない。それに加えて，生徒の成績が悪いと「ジャムにもならず，出荷できない」[112]と言うことは，生徒の自尊感情を著しく低下させる。この言葉も，誹謗にあたり，結果として生徒への名誉毀損，侮辱，信用毀損といった行為につながる。教師は生徒の人権にも配慮した言語表現の能力を高めたい。

(c) 学校での組織的な生徒指導

本事例では，教育委員会から教職員4名に対して懲戒がなされている。

- 1年時の担任の男性教諭（48歳）　　減給1カ月（10分の1）
- 校長（52歳）　　　　　　　　　　　減給1カ月（10分の1）
- 教頭（52歳）　　　　　　　　　　　戒告
- 2年時の担任の男性教諭（44歳）　　戒告

（カッコ内の年齢は2007年3月7日現在）

1年時の担任の男性教諭については，M君に不適切な発言をしたことが理由である。また，校長については，いじめ対策を怠ったことが理由である。

組織的な生徒指導の観点からは，教師間で生徒指導の方針・基準や指導計画を共有し，一貫性のある生徒指導を実施することが求められる[113]。校長は，一貫した生徒指導体制の構築によるいじめ予防の手立てを充分にはとらなかったため，また，担任教諭は教師間で「いじめ」の問題を共有せず，結果として生徒を死に至らしめたため，懲戒は適切である。

(d) 周囲の生徒への教育相談

事例の中学校では，2006年10月12日（木曜日）の全校集会後の授業時間に，全校生徒に1回目の聞き取りやアンケート調査がなされている。その際，亡くなった生徒について，次のことが明らかになった。

事例 8（2006年）

- まわりから相手にされない。
- トイレでズボンを下げられそうになったことがある（亡くなった日の 6 校時終了後）。
- あだ名でのひやかし。

（文部科学省発表，2006年10月19日）[114]

　先に述べたように，担任の教師が特定の生徒に対して不適切な発言を繰り返す学級環境は，「いじめ」を誘発する。他の生徒の「自分たちもしていいと思った」というコメントは，教師が特定の生徒をいじめているという認識を基礎とする。また，亡くなった生徒への「靴隠しや無視，嫌がらせ，仲間はずし」[115]があったという事実からは，やはり「いじめ」があったと判断できる。
　いじめ予防のためにも，教育相談を充実しなければならない。しかし，担任の教師がいじめの加害者側にまわった場合，「問題解決的・治療的教育相談」も「予防的教育相談」も「発達促進的・開発的教育相談」も機能しない[116]。生徒指導が機能している学級であれば，生徒を育てるためにも，問題を未然に防ぐためにも，問題を解決するためにも担任による教育相談が実施されている。そして，担任の教師による教育相談で解決できない問題については，スクールカウンセラーやスクールソーシャルワーカーなどと相談のうえ，外部の専門機関と連携することもできる。このような，一連の教育相談や生徒指導が組織的に実施できなかったことについての校長の学校管理上の責任は非常に重いといえる。

2） 特別活動の視点からの検討
　(a) 学級活動―学級や学校における諸問題の解決―
　特別活動では，「学級や学校の生活づくり」が内容の一つとなる。そのなかに，「学級や学校における生活上の諸問題の解決」という内容がある。この内容を指導することを通して，「いじめ」の解決をはかりたい。
　本事例の学級担任の教諭は，課外活動ではサッカー部の顧問を務めていた。そして，「気さくで冗談をよくいい，生徒の目線で話す先生」[117]という評価もある。生徒理解の基礎のうえに生徒の目線で話すこと，気さくなこと，冗談をいうことは必ずしも批判される内容ではない。「気さく」とは，気取らず親し

みやすいということである。しかし，生徒理解が不充分で，「いじめ」をする側の生徒の目線で冗談を言い，「いじめ」をする側の生徒にとって親しみやすい教師である場合，学級経営の能力に疑問もでる。

　学級のなかで，生徒たちが教師の発言に傷ついているのであれば，それは学級活動で，「学級や学校における生活上の諸問題の解決」の指導を通して改善する内容である。教師が生徒を「からかいやすかった」という理由でからかったり，生徒たちをイチゴの品種にたとえたり，成績が悪いと「ジャムにもならず，出荷できない」と言ったりする行為は適切ではない。生徒たちの表情等から，教育効果の有無について読み取る力を身につけたい。

(b)　学級活動―思春期の不安や悩みとその解決―

　本事例の場合，授業中，昼休み，下校時の計5回，生徒が「死にたい」と同級生に話している。そのため，何らかの悩みは生徒間では確認できている。しかし，学級担任の教師はそのことを充分に理解していなかった。また，6時限の美術の時間に，スケッチブックに「遺書　いじめが原因です」と書いている。美術の教師はこのサインを見落とさずに，これを学校で共有できるとよかった。生徒が死を「予告」したのであり，予告は助けてほしいというサインでもある。

　さらに，授業終了後にも発見の機会はあった。生徒は他の生徒7人にトイレで囲まれているが，そのときも「死ぬ」と話している。7人もの生徒が死の「予告」を聞いているのだから，それを学級担任の教師などに連絡し，自殺を防止する手立てをとるようにしておきたい。このようなことを教師に連絡させる手立てとして，教師は自己の役割を逸脱しない範囲で，学級の生徒が自由に話してくれる雰囲気をつくっておくことも大切である。

　中学生は様々な思春期の不安や悩みに直面する。この不安や悩みを学級活動で個人の悩みとしてではなく同世代の悩みとして取り扱い，解決方法を考えさせるとよい。その際，以下に示す生徒の将来設計と関連させて，未来指向型の解決を図る指導をするとよい。

(c)　学級活動―主体的な進路の選択と将来設計―

　特別活動では，「学業と進路」も内容の一つとなる。そのなかに，「主体的な進路の選択と将来設計」という内容がある。この内容を指導することを通して，「いじめ」の解決を目指すことができる。

　それぞれの生徒に将来設計をさせる。そして，各自の将来設計に基づいて，

事例 8（2006年） 81

中学卒業後の進路を選択させる。このような教育活動を通して，生徒には未来に続く各自の人生を考えさせたい。

　学級活動の歴史を遡ると，学級会活動と学級指導で構成されていた時期もあった[118]。この二分類で学級活動を考えると，主体的な進路の選択と将来設計は学級指導の区分に入る。教師が生徒の将来を考えさせて長期的な視野をもたせることが自殺予防にもつながるといえよう。

(d) 生徒会活動でよりよい学校生活づくり

　生徒会活動は教師の適切な指導によって成り立つ生徒の自発的・自治的な活動である。生徒の自治組織ではなく，教師による生徒への教育活動であることが特徴である。

　この生徒会活動で，よりよい学校生活づくりを生徒は自主的・実践的に検討する。「いじめ」のある学校生活から「いじめ」のない学校生活にするために生徒会ができる活動について，学校をあげて考えさせるとよい。

　生徒会の挨拶運動，いじめ撲滅スローガン，生徒会による相談受付など，生徒達が自分で方法を考えることと実践することに意味がある。生徒総会で方針を決め，生徒評議会で連絡調整をし，生徒会役員会で運用し，各種の委員会のなかに担当委員会をおいてもよい。生徒会の組織である生徒総会，生徒評議会，生徒会役員会，各種の委員会が役割分担して進めるとよい[119]。

(e) 学校行事で安全な行動や規律ある集団行動の体得

　学校行事でも，本事例の予防策を考えることができる。学校行事には，健康安全・体育的行事が含まれる。「健康安全・体育的行事」には，安全な行動や規律ある集団行動の体得を特徴とする教育活動が含まれる。安全な行動は，薬物乱用防止指導や避難・防災訓練などで指導する。これらの根底にある考え方が「生命の尊重」である。そのため，学校では，自他の生命を尊重でき，安全な行動がとれる生徒を育成していかなければならない。そのために，計画的に学校行事を行うことになる。

事例9（2005年）

小学校6年生の女子児童が，同級生から「キモイ」などの心無い扱いを受け続けたことがきっかけとなり自ら命をたった。概要をまとめると次のようである。

- 「『キモイ』と言われてとてもつらくなりました」。12歳の少女は，そう遺書を残して自らの命を絶った。
- 小学校で起きた小6女児いじめ自殺問題。いじめを疑わせる明確な言葉があるにもかかわらず，学校，市教育委員会は少女の訴えを黙殺。
- 「いじめが原因」と認めた現在，市長や市教育委員会幹部の責任問題に発展した。
- 女児は2005年9月9日朝，自らが学ぶ教室で首をつった。
- 「私が死んだら読んでください」とのメモ書きと，級友や母親らにあてた7通の遺書が教壇にあった。
- 女児の意識は戻らず，4カ月後の2006年1月6日に死亡した。

（毎日新聞，2006年11月6日付 をもとにまとめた）[120]

この事例では，亡くなった女子児童の遺書が残されている。学校の始業前に教室でなくなったため，教卓に遺書が残されていた。遺書は「学校のみんなへ」と題して，「キモイ」と言われたことや，同級生に「ありがとう」と「さようなら」というメッセージがしるされてあったという[121]。

その後，2008年12月に遺族が市と道を相手に損害賠償請求を訴え，保護者と教育委員会・学校との間で和解が成立した。朝日新聞による報道を引用する。

　T市の市立小学校6年だったMさん（当時12）が2005年9月，教室で首をつり，翌年1月に死亡した問題で，母親が「学校はいじめを放置し，自殺を避ける義務を怠った」として同市と道を相手に計約7900万円の損害賠償を求めた訴訟は26日，S地裁（中山幾次郎裁判長）で和解が成立した。被告側が遺族側に和解金2500万円を支払う。

（朝日新聞，2010年3月27日）[122]

この和解からは，学校には「いじめ」を放置することは許されず，児童生徒の自殺を避ける義務が認められることがわかる。

事例 9（2005年）

1）　生徒指導の視点からの検討

　クラス内の児童が心無い扱いを女子児童に対して続けていることに対して，「いじめ」を行っているという当事者意識の弱い加害児童が，より「いじめ」を深刻なものとしている事例である。

(a)　「いじめ」を放置しない生徒指導

　この「いじめ」は4年間という長期にわたる。まず，3年生のころから，この児童の周りにだけ人がいなくなる。つまり，孤立した状態が継続していた。次に，5年生になって「キモイ」と言われて悩んでいる。なお，「キモイ」という言葉は，気持ち悪いという意味の略語で俗語として定着している。他の人間をさして気持ち悪いというのは他者への配慮を欠いているため適切な表現ではない。言われた児童がとてもつらくなることは理解できる。6年生のとき，「私がチクリだったのか差べつされるようになりました。」[123]と書いている。

　この事例では，本来あるべき教育現場としての教室が，本来の教室でなくなっている。そのため，学校の管理体制についても再度見直したほうがよい。早朝登校する児童がいる場合，教師は，状況を確認して事情を聞いてあげたり，話し相手になってあげたりするとよい。また，遺書が7通ある。そのため，7通の遺書を書く間に，この児童の周囲の人間に自殺予防の手立てがとれなかったのが残念である。例えば，個別指導による児童理解や，保護者との連携などの方法が考えられる。

(b)　教育相談を機能させるために

　教師側からは教育相談を重視し，自主相談を促しても，指導集団からは密告を許さないという意識があれば，教育相談は機能しない。そのため，学級から「チクリ」という用語は排除する学級運営をするとよい。児童複数によるグループ相談も，1人での個別相談も，そして定期相談以外に自主相談にも教師は応じられるようにしなければならない。また，児童の様子が通常と異なる場合や，孤立している場合など，児童と接する時間にわずかでも言葉かけをして，チャンス相談を試みるとよい[124]。教師は「教える専門家」であると同時に，「育てる専門家」でもあるという自負をもちたい。

2) 特別活動の視点からの検討

(a) 学級活動での指導

「いじめ」の予防のためには，教師は学級活動で次の二つの方向から充実した指導をするとよい。一つ目は，集団づくりである。これは，学習指導要領では「学級や学校の生活づくり」という。学級内の人間関係を組織化して，所属感を与える効果がある。二つ目は，個人的適応指導である。これは，学習指導要領では「日常生活や学習への適応及び健康安全」という。個人として目標をもって生活することや，生活習慣を形成することを目指す。

つまり，一方で社会的資質の育成の方向から，そしてもう一方で個人的資質の育成の方向から，教師は児童を導いていく。この学級活動に与えられている授業時間は年間35時間であり，1週当たり1時間である。そのため，学級や学年での年間指導計画を作成して計画的にいじめ予防に貢献する教育活動を推進するとよい。

(b) 児童会活動・クラブ活動・学校行事での指導

さらに，学級活動単独での指導ではなく，児童会活動・クラブ活動・学校行事での指導と一体的な運営を行うとよりよい。学年間の系統性を維持するために，教務主任等が中心となって特別活動の全体計画を作成し，学級活動についての系統的指導をするとよい。

図6に，各学校で教師が活用できる特別活動の年間指導計画のための記入用紙の例を示す。学級活動，児童会活動，クラブ活動，学校行事のそれぞれの活動を系統的に組織して，児童の人間関係づくりをするとよい。そのためには，教師個人の判断ではなく，学年主任などが中心となって計画を立てなければならない。

事例9（2005年） 85

```
1  目　標（                                    ）


2  各活動等の内容
```

月	学級活動	児童会活動	クラブ活動	学校行事
4				
5				
6				
7				
8				
9				
10				
11				
12				
1				
2				
3				

```
3  各活動等の評価の方法
      学級活動（                              ）
      児童会活動（                             ）
      クラブ活動（                             ）
      学校行事（                              ）
```

図6　特別活動の全体計画

> **事例10（2004年）**
>
> 　2004年，小学校3年生の女子児童が，学校の同級生や教師からの「いじめ」の経験を市長に手紙で直訴した。そして，市長はその手紙を読み，迅速な対応がとられた。
> 　　Y市S区の市立M小学校で教諭の不適切な指導をうけた女児とその保護者が「いじめを受けた」との手紙をN（人名）・Y（地名）市長に出していたことについて，N市長は19日の定例記者会見で「内容的には胸が詰まった。教育委員会には事実関係をしっかりと確認させる」と述べた。
> 　　　　　　　　　　　　　　　　　　　（朝日新聞，2004年2月20日）[125]
> 　さらに，学校での不適切な指導内容について次のことがわかった。
> 　小学校の男性校長の認識
> 　・子供たちに対する担任教諭の言動については▽机をける▽粘着テープを見せながら「口に張るよ」と脅す▽児童用の椅子を乱暴に扱うなど「教育上不適切な行為」があったと認め，保護者全体に謝罪する意向を示した。
> 　担任教諭の状況
> 　・担任教諭は冬休みから体調不良を理由に休暇中。
> 　　　　　　　　　（毎日新聞，2004年2月19日付 をもとにまとめた）[126]

1） 生徒指導の視点からの検討

(a) 教師の適切性に欠ける対応

　児童が訴え，教育委員会や校長が認めた教師の適切性に欠ける対応とは，次の内容である。
　・担任教師が机をける。
　・担任教師が粘着テープを見せながら「口に張るよ」と脅す。
　・担任教師が児童用の椅子を乱暴に扱う。
　教師の指導が不適切であることはわかるものの，どのようにしたら適切か，教育方法を工夫する必要性は残る。教師が自己の能力を最大限に発揮して学級経営をするためには，生徒指導についての理解と指導能力が必要である。担任

事例10（2004年）

教師が机をける，担任教師が粘着テープを見せながら「口に張るよ」と脅す，担任教師が児童用の椅子を乱暴に扱うなどの行為は，生徒指導の方法として妥当ではない。

生徒指導の意義を再確認し，児童生徒理解に努め，生徒指導体制を活用し，教育相談も活用し，児童生徒全体への指導と個別の課題をかかえる児童生徒への指導を行っていくことに心がけるとよい[127]。

(b) 不登校の女児の様子

当該児童は2003年11月から2004年2月まで不登校の状態が継続していた。このことについて，保護者による不登校の原因の解釈をまとめると次の二点になる。

・クラスでのいじめ
・40歳代男性教諭による暴力的な言動への恐怖

(2004年2月19日付の毎日新聞の報道から)

さらに，小学3年女児から市長への手紙の内容と学校の様子などから総合的に校長が判断した結果，次のように校長は考えていた。

・クラスのなかに女児が不快に思うような言動があった。
・いじめの有無については明言せず。

(2004年2月19日付の毎日新聞の報道から)

そして，女児の要望としては，次の二点があげられていた。

・校長先生と副校長先生に，自分がいじめられたことを認めてほしい。
・仲間はずれにしないでほしい。

(2004年2月19日付の毎日新聞の報道から)

「いじめ」については，「いじめ」を受けた児童生徒が学級担任に相談することも多い。しかし本事例では，学級担任の教師が威圧的で相談できずに不登校になっていった。学級担任以外の相談相手としては，家族，教職員，友人などがある。本事例では，教職員や友人ではなく，家族に相談して解決を図っている。しかし，学校で質問紙調査が行われていれば，家族を介さずにも早期に学校から女子児童への対応ができたのではないだろうか。

2) 特別活動の視点からの検討

(a) 学級活動での「心身ともに健康で安全な生活態度の形成」

　小学校の学級活動は大きく二つの内容で構成されている。一つ目は学級や学校の生活づくりの内容である。二つ目は，日常の生活や学習への適応及び健康安全である。この二つ目の内容のなかに，「心身ともに健康で安全な生活態度の形成」が含まれている。

　そして，小学校の学級活動は低学年，中学年，高学年で授業内容に系統性もある。第3学年と第4学年からなる中学年では，『小学校学習指導要領』では，

> 学級を単位として，協力し合って楽しい学級生活をつくるとともに，日常の生活や学習に意欲的に取り組もうとする態度の育成に資する活動を行うこと。
> 　　　　　　　　　　　　　　　　　　　　　　　　（文部科学省，2008年）[128]

とされている。教師は「いじめ」のない楽しい学級をつくらなければならない。

(b) 児童理解に基づいた学級経営

　今回の事例である「いじめ」を受け不登校になった女児のような存在をださないように，協力する学級，楽しい学級，意欲的に活動に取り組む学級にするよう，学級担任は学級経営を児童理解に基づいたものとするように努力しなければならない。さらに，ストレスチェックなどを日ごろから利用することで，事前に状況把握ができる。

3章

まとめ

3-1 「いじめ」関連事例の検討

3-1-1 「いじめ」の様態と深刻度区分

　本章[129]では,「いじめ」の各事例についてまとめをする。「いじめ」の分析視点としては,文部科学省調査による「いじめ」の様態の区分[130]を活用し,構造化したものを用いる(表7)。

　「いじめ」の様態の構造化は仮説的に定めたものである。第1段階は,容認はできないものの児童生徒の学校生活で一般的にみられるものである。第2段階は,第1段階の深刻度の状況を教師が解決できないなかでエスカレートしていき,被害児童生徒の苦痛の度合いが高まっていく段階である。第3段階は,もはや学校内での「いじめ」の域を超えて,ソーシャル・ネットワーキング・サービス(social networking service, SNS)というインターネット上で構築される社会的ネットワークを介して広範囲に拡散していく段階である。

　第2段階までであれば関係者間で「いじめ」を解決することができるが,第3段階に至ると長期かつ広範囲にわたって被害児童生徒についての「いじめ」の記録が拡散していく。そのため,その後の被害児童生徒の生活に大きな影響を与えるいじめである。

　この「いじめ」の深刻度の段階は,必ずしも第1段階の次に第2段階がくるというものではなく,第1段階の後,第3段階に移行することもある。

　なお,深刻度が第1段階でも重大な結果になることがあり,深刻度が第3段階でも危機回避できている場合もある。これは,「いじめ」の行為の頻度,継続性,行為の広汎性,教師との関係性,学校との距離のおき方などの側面から

表7 「いじめ」の様態の構造化

	文部科学省による「いじめ」の様態区分	筆者による区分	「いじめ」の深刻度
1	冷やかしやからかい，悪口や脅し文句，嫌なことを言われる。	暴言型	第1段階
2	仲間はずれ，集団による無視をされる。	仲間外し型	
3	軽くぶつかられたり，遊ぶふりをして叩かれたり，蹴られたりする。	軽度暴行型	
4	ひどくぶつかられたり，叩かれたり，蹴られたりする。	重度暴行型	第2段階
5	金品をたかられる。	恐喝型	
6	金品を隠されたり，盗まれたり，壊されたり，捨てられたりする。	盗難型	
7	嫌なことや恥ずかしいこと，危険なことをされたり，させられたりする。	強要型	
8	パソコンや携帯電話等で，誹謗中傷や嫌なことをされる。	SNS型	第3段階

（文部科学省の「いじめ」の様態区分から「その他」を除いて構造化した。）

の影響もあるためである。深刻度がさほど強くないと思われる仲間外し型のいじめが契機となって自殺に至るケースもあることに教師側は留意する必要がある。

3-1-2 本書で対象とした「いじめ」の事例

本書で取り上げた事例について，表7の様態に照らしてまとめておこう（表8）。

事例1 中学校2年生いじめ

2013年，中学校，「複数の生徒に叩かれていた」（軽度暴行型），「人のかばんを持たされていた」（強要型）のいじめ。部活動の顧問は「人が嫌がることはよそう」と指導。保護者は「（生徒の）帰りが遅い」と学校に複数回相談している。自宅の部屋で縊死，遺書あり。

表 8　対象事例一覧

事例	事例名	特徴的な様態	深刻度
1	中学校2年生いじめ	強要型	第2段階
2	高等学校2年生根性焼き	強要型	第2段階
3	中学校2年生いじめ	強要型	第2段階
4	小学校6年生いじめ	仲間外し型	第1段階
5	高等学校1年生水死	強要型	第2段階
6	中学校3年生ネットいじめ	SNS型	第3段階
7	高等学校3年生いじめ	恐喝型	第2段階
8	中学校2年生いじめ	盗難型	第2段階
9	小学校6年生いじめ	仲間外し型	第1段階
10	小学校3年生が市長に直訴	軽度暴行型	第1段階

事例2　高等学校2年生根性焼き

　2012年，高等学校，別のクラスの男子生徒から22回にわたり，むりやり腕にたばこの火を押しつけられる（重度暴行型）。「根性焼き最高」と書いた写真シールを撮影される（強要型）。三者面談時に担任教師が生徒の火傷痕を指摘するが，生徒は「友達がいなくなるのが怖く，『やられた』とは言い出せなかった。写真も断れなかった」と話す。学校側は被害生徒に自主退学を促し，その後撤回。

事例3　中学校2年生いじめ

　2011年，中学校，教室で「お前，きもいんじゃ」「死ね」「お前の家族全員死ね」などの言葉を浴びせかけられる（暴言型）。自殺の練習として3階教室の窓から体を突き出すことを強要される（強要型）。担任教師がいじめを受けた生徒にいじめについて確認した際「大丈夫。何ともない」と答えた。その後，自宅マンションから飛び降りにより自ら命をたつ。

事例4　小学校6年生いじめ

2010年，小学校，5年時の作文で1学期を振り返り「あんまり楽しくなかったです」と書く。6年時に担任教師に「友達にいやなことを言われた」と訴える。「臭い」などの心ない言葉を複数の児童から投げかけられる（暴言型）。給食班廃止により，仲間どうしで食べる給食を1人で食べる（仲間外し型）。自宅で縊死。

事例5　高等学校1年生水死

2009年，高等学校，男子生徒4人，女子生徒2人で部活動の帰りに川に行く。一人の男子生徒は「泳げない」と言い飛び込むことをためらうが，背中を押されて川に落され（強要型），その様子を生徒が携帯電話で動画撮影。6人中2人が溺死。加害男子生徒と女子生徒は「驚いた顔が見たかった。申し訳ない」という。

事例6　中学校3年生ネットいじめ

2008年，中学校，同級生の携帯電話の自己紹介サイト（プロフ）に「転校生。うまくすれば不登校になる」などと書き込まれた（SNS型）。関与を認めた同級生2人について担任教師らが謝罪させるが，ネットいじめを受け続け，自宅で3カ月後に縊死。遺書には「復讐します」と書かれていた。

事例7　高等学校3年生いじめ

2007年，高等学校，男子生徒から携帯電話で「夏休み明けまでに金を払え。払わなかったら何をされるか分からんぞ」と現金5万円の要求を受ける（恐喝型）。「うそ1回につき1万円を払う」という取決めを一方的に押しつけ金品を要求される（恐喝型）。男子生徒は授業中に校内の渡り廊下から飛び降りにより自ら命をたつ。

事例8　中学校2年生いじめ

2006年，中学校，担任教師が「からかいやすかった」として生徒をからかう（暴言型）。他の生徒も「自分もしていいと思った」として同様のことを行う（暴言型）。生徒は自宅納屋で縊死。緊急保護者会では「靴隠しや無視，嫌がらせ，仲間はずしがあった」（盗難型・仲間外し型）と教師側が報告。事後に記名式のアンケートが行われており，そこでは，教師の生徒に対する中傷表

現が明らかになっている[131]）。

事例9　小学校6年生いじめ
　2005年，小学校，女子児童が教室で縊死。遺書があり，同級生から「『キモイ』と言われてとてもつらくなりました」（暴言型）と書き残す。遺書には3年生のころから「なぜか私の周りにだけ人がいないんです」（仲間外し型）とも記されていた。母親と市・道とで，児童の自殺を防げなかったことについて和解が成立。

事例10　小学校3年生が市長に直訴
　2004年，小学校，女子児童が市長に直訴し，市長が迅速に対応する。女子児童の訴えは，友達に「仲間はずれにしないでほしい」（仲間外し型），先生に「つくえをけとばしたり，いすをなげたりしないでほしい」（軽度暴行型）との内容。女子児童は担任教師の暴力的な言動などにより不登校になり，母親とともに市役所を訪問し，「いじめを受けた」という市長宛の手紙を渡した。

3-2　予防型の生徒指導の視点からの検討の小括

3-2-1　生徒指導の理念の啓発

　生徒指導は人格を尊重し，個性の伸長を図り，社会的な資質や行動力を高める教育活動である。この意図で生徒指導を実施することで，「いじめ」を予防したい。
　事例3のように担任教師が充分に生徒の状況を理解できない場合，事例8のように担任教師が生徒をからかう「暴言型のいじめ」をしてしまう場合，事例10のように担任教師が机をけとばすような「軽度暴力型のいじめ」をしてしまう場合などは，生徒指導についての理解が充分とはいえない。そのため，管理職や生徒指導主事などが当該教師に対して，生徒指導は人格を尊重し，個性の伸長を図り，社会的な資質や行動力を高める教育活動であるという理念を啓発することが，「いじめ」の予防につながる。担任教師の行為が「いじめ」を誘発しないようにすることが予防のための大前提である。

3-2-2　集団指導型生徒指導の充実

　遠足などの学校行事を活用して，児童生徒の自己指導能力を育成する集団指導型の生徒指導を充実させることで，「いじめ」を予防したい。

　事例4の「仲間外し型いじめ」，事例5の「強要型いじめ」による水難事故，事例6の「SNS型いじめ」，事例9の「キモイ」等の「暴言型いじめ」は，「いじめ」を受けている特定の児童生徒のみの問題ではなく，学級や学校全体に被害が拡散することがある。その問題を予防するためには，集団指導型生徒指導の充実が効果的である。

　集団指導型生徒指導は朝礼等で校長講話を活用して指導でき，生徒指導主事による講話を活用しても指導できる。また学年単位では，学校行事の遠足や旅行などの校外での教育活動を活用して指導することもできる。校外での教育活動を通して実施する集団指導型生徒指導については，児童生徒に自己指導能力を育成するため，教師は指導計画を作成し，係活動を充実させ，情報の共有で集団のまとまりを高める手法が考案されている[132]。

3-2-3　個別指導型生徒指導の充実

　「いじめ」の被害者，加害者，観衆や傍観者のそれぞれに生徒指導を行うことで，「いじめ」を予防したい。

　事例1のかばんを持たされる「強要型いじめ」，事例2のたばこの火を押しつけられる「強要型いじめ」，事例7の金品を要求される「恐喝型いじめ」については，観衆や傍観者に対する集団指導型生徒指導だけでは予防に限界がある。当事者が特定できた場合は，加害者を対象とした個別指導型生徒指導を進めていくことになる。

　教師が加害者への個別指導型生徒指導をする際には，三つの共通認識を振り返ることが大切である。一つ目は，「いじめ」はどの学校でも起こり，誰もが被害者にも加害者にもなる可能性があること。二つ目は，いじめられている児童生徒に非はないこと。三つ目は，「いじめ」は絶対に許されず，教師はいじめられた児童生徒を絶対に守ることである[133]。

3-3 特別活動の視点からの検討の小括

3-3-1 学級活動・ホームルーム活動の充実

　学級活動・ホームルーム活動では，内容に「人間関係の形成・確立」を含んでいる。この内容の指導を行うことで，「いじめ」を予防したい[134]。

　事例1の叩かれる行為やかばんを持たされる行為，事例4の給食時の仲間外し行為，事例7の金品を要求される行為，事例9の暴言や仲間外しなどの行為を未然防止するためには，特に，学級活動・ホームルーム活動の充実が効果的である。学級活動・ホームルーム活動の内容としては，小学校で「望ましい人間関係の形成」，中学校で「望ましい人間関係の確立」，高等学校で「コミュニケーション能力の育成と人間関係の確立」の授業が主に対応する。

3-3-2 児童会活動・生徒会活動の充実

　児童会活動・生徒会活動では，「異年齢集団による交流」を内容に含んでいる。この内容の指導を行うことで，「いじめ」を予防したい。

　担任教師の児童生徒理解が不充分な場合や暴言等がある場合，学級活動・ホームルーム活動で「いじめ」を予防することは困難である。事例3は担任教師が「いじめ」を受けている生徒に確認しても「いじめ」を認定できなかったもの，事例8は担任教師が生徒をからかったことが「いじめ」の契機となったもの，事例10は担任教師の暴力的な言動があるものである。

　担任教師による解決が困難である場合，学校としては，児童会活動や生徒会活動の内容である「異年齢集団による交流」を通して，「いじめ」の予防を図ることができる。管理職，教務主任，生徒指導主事，児童会活動・生徒会活動主任などによる適切な指導によって，「いじめ」を克服する児童生徒の自主的・実践的な態度を育てることができる。

3-3-3 クラブ活動（部活動）の充実

　クラブ活動でも「望ましい人間関係の形成」を目標としている。そのための計画運営，活動，発表を通して，「いじめ」を予防したい。

　事例5は部活動帰りの出来事で，泳げない生徒を川に突き落とす行為である。この事例では，部活動でも教師が小学校のクラブ活動の目標や内容を援用して

目標や内容を意識できれば未然防止できた行為であろう。具体的な方向性としては,「望ましい人間関係の形成」を目指して共通の興味・関心を追求するのが部活動であるということを生徒に自覚させ,共通の興味・関心を確認させる指導を重視する。この事例は,川で泳ぐ行為が共通の興味・関心ではなかった事例である。

3-3-4 学校行事の充実

　学校行事は「集団への所属感や連帯感」を深めることを目標に含んでいる。この目標の達成を図る活動を通して,「いじめ」を予防したい。

　事例2は生徒が他の生徒からたばこの火を押しつけられたものであり,事例6は携帯電話を使って「ネットいじめ」を受けたものである。ともに,学校行事の健康安全・体育的行事で行われる「安全な行動」の体得や「心身の健全な発達」などを通して全校生徒に指導する内容で予防したい[135]。

3-4 おわりに

　本書では,具体的な「いじめ」の関連事例を生徒指導の視点と特別活動の視点から検討し分析した。検討を通して,小学校,中学校,高等学校の生徒指導と特別活動が,「いじめ」の予防のために果たす役割を明らかにした。さらに,本書で検討した事例と同様の「いじめ」が再度発生しないように,具体的な予防方法を提案した(表9)。なお,生徒指導と特別活動を活用した「いじめ」の予防方法について検討したが,ここでのまとめは,過去の事例をもとに検討した成果であり,あくまで新聞報道等で"事実確認"できた範囲での検討の結果であることに留意されたい。

　本書で対象とした事例は,程度の差はあるものの,教師の適切な指導がない場合などにはどの学校でも起こりえる内容である。同様の「いじめ」が再度発生しないように具体的な予防方法として,本書での事例分析から,次の三点について最後に提案する。第1番目に,過去の「いじめ」関連の事例から対応策を学ぶこと。第2番目に,特別活動の各学習内容を適切に指導すること。第3番目に,生徒指導の理念を理解し,集団指導型生徒指導と個別指導型生徒指導を適切に実施すること,である。結論を図示すると図7のようになる。

3-4 おわりに

表9 各事例に対する生徒指導と特別活動を活用した「いじめ」の予防方法

事例	事 例 名	生徒指導	特 別 活 動
1	中学校2年生 いじめ	個別指導型	<u>学級活動・ホームルーム活動</u>の充実
2	高等学校2年生 根性焼き	個別指導型	学校行事の充実
3	中学校2年生 いじめ	理念の啓発	児童会活動・<u>生徒会活動</u>の充実
4	小学校6年生 いじめ	集団指導型	<u>学級活動</u>・ホームルーム活動の充実
5	高等学校1年生 水死	集団指導型	クラブ活動・<u>部活動</u>の充実
6	中学校3年生 ネットいじめ	集団指導型	学校行事の充実
7	高等学校3年生 いじめ	個別指導型	学級活動・<u>ホームルーム活動</u>の充実
8	中学校2年生 いじめ	理念の啓発	児童会活動・<u>生徒会活動</u>の充実
9	小学校6年生 いじめ	集団指導型	<u>学級活動</u>・ホームルーム活動の充実
10	小学校3年生が市長に直訴	理念の啓発	<u>児童会活動</u>・生徒会活動の充実

(課外の部活動についてはクラブ活動の発展的内容として表に含めた。下線は特に該当する項目。)

特別活動の充実
・学級活動・ホームルーム活動
・クラブ活動(部活動)
・児童会活動・生徒会活動
・学校行事

生徒指導の充実
・理念の啓発
・集団指導型生徒指導
・個別指導型生徒指導

↓

「いじめ」問題の予防

図7 「いじめ」の予防方法の概念図

いじめ防止対策推進法（概要）

(2013（平成25）年9月28日施行)

一　総則
1　「いじめ」を「児童生徒に対して，当該児童生徒が在籍する学校（※）に在籍している等当該児童生徒と一定の人的関係にある他の児童生徒が行う心理的又は物理的な影響を与える行為（インターネットを通じて行われるものを含む。）であって，当該行為の対象となった児童生徒が心身の苦痛を感じているもの」と定義すること。
　　※小学校，中学校，高等学校，中等教育学校及び特別支援学校（幼稚部を除く。）
2　いじめの防止等のための対策の基本理念，いじめの禁止，関係者の責務等を定めること。

二　いじめの防止基本方針等
1　国，地方公共団体及び学校の各主体による「いじめの防止等のための対策に関する基本的な方針」の策定（※）について定めること。
　　※国及び学校は策定の義務，地方公共団体は策定の努力義務
2　地方公共団体は，関係機関等の連携を図るため，学校，教育委員会，児童相談所，法務局，警察その他の関係者により構成されるいじめ問題対策連絡協議会を置くことができること。

三　基本的施策・いじめの防止等に関する措置
1　学校の設置者及び学校が講ずべき基本的施策として①道徳教育等の充実，②早期発見のための措置，③相談体制の整備，④インターネットを通じて行われるいじめに対する対策の推進を定めるとともに，国及び地方公共団体が講ずべき基本的施策として⑤いじめの防止等の対策に従事する人材の確保等，⑥調査研究の推進，⑦啓発活動について定めること。

いじめ防止対策推進法（概要）

2　学校は，いじめの防止等に関する措置を実効的に行うため，複数の教職員，心理，福祉等の専門家その他の関係者により構成される組織を置くこと。
3　個別のいじめに対して学校が講ずべき措置として①いじめの事実確認，②いじめを受けた児童生徒又はその保護者に対する支援，③いじめを行った児童生徒に対する指導又はその保護者に対する助言について定めるとともに，いじめが犯罪行為として取り扱われるべきものであると認めるときの所轄警察署との連携について定めること。
4　懲戒，出席停止制度の適切な運用等その他いじめの防止等に関する措置を定めること。

四　重大事態への対処
1　学校の設置者又はその設置する学校は，重大事態に対処し，及び同種の事態の発生の防止に資するため，速やかに，適切な方法により事実関係を明確にするための調査を行うものとすること。
2　学校の設置者又はその設置する学校は，1の調査を行ったときは，当該調査に係るいじめを受けた児童生徒及びその保護者に対し，必要な情報を適切に提供するものとすること。
3　地方公共団体の長等（※）に対する重大事態が発生した旨の報告，地方公共団体の長等による1の調査の再調査，再調査の結果を踏まえて措置を講ずること等について定めること。

　　※公立学校は地方公共団体の長，国立学校は文部科学大臣，私立学校は所轄庁である都道府県知事

五　雑則
学校評価における留意事項及び高等専門学校における措置に関する規定を設けること。

　　　　　　（一から五までのいずれも，公布日から起算して三月を経過した日から施行）

注釈／参照文献一覧

　以下，新聞記事等において，具体的な地名および氏名等については，特に必須の情報ではないため，原則として記号に変更している。

1)　文部科学省初等中等教育局児童生徒課「平成24年度『児童生徒の問題行動等生徒指導上の諸問題に関する調査』について」，文部科学省，2013年，50頁，
http://www.mext.go.jp/b_menu/houdou/24/09/__icsFiles/afieldfile/2012/09/11/1325751_01.pdf（2013年4月24日確認）
2)　同上，41頁。
3)　国立教育政策研究所「いじめに関する校内研修ツール」(『生徒指導支援資料「いじめを理解する」』所収)（平成21年6月），
http://www.nier.go.jp/shido/centerhp/ijimetool/ijimetool.htm（2014年2月14日確認）や，「問題事象の未然防止に向けた生徒指導の取り組み方」(『生徒指導支援資料2「いじめを予防する」』所収)，http://www.nier.go.jp/shido/centerhp/shienshiryou2/2.htm（2014年2月14日確認）などがある。
4)　東京都教育庁の「平成25年度東京都教職員研修センター夏季集中講座の開催について」では，2013年8月29日と30日に，【夏季集中講座7・8】として，「いじめ問題への対応」を開設している。内容は，「いじめ問題に関する研究」の内容紹介やいじめ問題への対応に関する講義などである。講師は，大阪市立大学名誉教授の森田洋司であった。
http://www.metro.tokyo.jp/INET/BOSHU/2013/06/22n6q200.htm（2013年11月26日確認）
5)　神田光啓「『いじめ』の研究情報の検討」，日本教育情報学会『教育情報研究』，第10巻，第2号，1994年受理，7-15頁。
6)　同上，12頁。
7)　同上，8-12頁。
8)　林　尚示・服部伴文・村木　晃『ワークシートで学ぶ生徒指導・進路指導の理論と方法』春風社，2013年，12頁。
9)　吉田嘉高・坂賀雅彦「―判例を通じて― いじめ・自殺と実証主義生徒指導論の提唱――C.R.ロジィアズのダブル・ロール論に立ったカウンセリングマインドによる新生徒指導方法――」，聖徳大学『聖徳大学研究紀要人文学部』，第9号，1998年，62-63頁。
10)　同上，63頁。
11)　前掲書8，100頁。ここでは，森田洋司『いじめとは何か』（中公新書，2010年）のいじめの「4層構造」を紹介している。
12)　「新教育の森：T（地名）・小6いじめ自殺「『キモイ』と言われつらくなった」と命絶った少女」毎日新聞，2006年11月6日，T（地名）版，朝刊，解説面，17頁。
13)　文部科学省『平成24年度公立学校教職員の人事行政状況調査について』，2012年。
http://www.mext.go.jp/component/a_menu/education/detail/__icsFiles/afieldfile/2013/12/18/1342551_01_1.pdf（2013年12月24日確認）

注釈／参照文献一覧

14) 同上。
15) 柴崎直人「人間関係と特別活動」，林 尚示編著『教職シリーズ5　特別活動』培風館，2012年，144-161頁。
16) 教職員のメンタルヘルス対策検討会議「教職員のメンタルヘルス対策について（最終まとめ）」，2013年。
http://www.mext.go.jp/component/b_menu/shingi/toushin/__icsFiles/afieldfile/2013/03/29/1332655_03.pdf（2013年7月18日確認）
17) 厚生労働省都道府県労働局労働基準監督署「精神障害の労災認定―平成23年12月に認定基準を新たに定めました―」，2011年。
http://www.mhlw.go.jp/new-info/kobetu/roudou/gyousei/rousai/dl/040325-15.pdf（2013年7月18日確認）
18) 吉田嘉高・坂賀雅彦「（判例による生徒指導の実証的研究）いじめ・自殺と教員の指導の理念――憲法をぬきにしていじめを考える風潮の矛盾――」，聖徳大学『聖徳大学研究紀要　人文学部』，第10号，1999年，61頁。
19) 前掲1，81頁。
20) 同上，81頁。
21) 同上，82頁。
22) 同上。
23) 鵜養啓子「自殺への対応」，有村久春編『教職研修総合特集（読本シリーズ No. 178）新編生徒指導読本』教育開発研究所，2007年，228頁。
24) 芳賀明子「子どものサインの把握と早期発見・早期対応」，有村久春編『教職研修総合特集（読本シリーズ No. 178）新編生徒指導読本』教育開発研究所，2007年，192頁。
25) 文部科学省『平成24年度「児童生徒の問題行動等生徒指導上の諸問題に関する調査」結果について』，2012年，50頁。
http://www.mext.go.jp/b_menu/houdou/25/12/__icsFiles/afieldfile/2013/12/17/1341728_02_1.pdf（2013年12月24日確認）
26) 前掲書8，104頁。
27) 前掲1，73-79頁。
28) 同上，74頁。
29) 文部科学省「児童生徒の自殺が起きたときの背景調査の在り方について（通知）」，2011年。http://www.mext.go.jp/a_menu/koutou/shinkou/07021403/010/1318820.htm（2014年2月14日確認）
30) 「自殺：中2男子，いじめか　学校調査で生徒2割が証言―K（地名）」毎日新聞，2013年4月20日，T（地名）版，朝刊，社会面，27頁。
31) 文部科学省『中学校学習指導要領解説　特別活動編』ぎょうせい，2008年，35頁。
32) 前掲書8，78頁。
33) 文部科学省『生徒指導提要』教育図書，2010年，72頁。
34) 文部科学省『小学校学習指導要領』東京書籍，2008年，115頁。
35) 文部科学省『小学校学習指導要領解説　特別活動編』ぎょうせい，2008年，30頁。
36) 遠藤　忠「学級活動」，林 尚示編著『教職シリーズ5　特別活動』培風館，2012年，24-25頁。
37) 前掲書34，16頁。
38) 安井一郎「児童会活動・生徒会活動―『よりよい学校生活づくり』の観点から―」，林 尚示編著『教職シリーズ5　特別活動』培風館，2012年，87頁。

39) 「いじめ？中2自殺　同級生『ぶたれていた』S（地名）・Y（地名）」朝日新聞，2013年4月13日，朝刊，社会面，39頁．
40) 「Y中の男子生徒自殺：「連れ回され帰宅遅い」保護者相談も，いじめと認識せず／K（地名）」毎日新聞，2013年4月20日，K（地名）版，朝刊，23頁．
41) Y中学校『平成24年度学校要覧』Y中学校発行，2012年．
42) 前掲書33，1頁．
43) 前掲書8，13頁．
44) 当該学校のホームページより．
45) 当該学校のホームページより．
46) 前掲書36，39頁．
47) 前掲書41．
48) 当該学校のホームページより．
49) 前掲書34，113頁．
50) 文部科学省『中学校学習指導要領解説　特別活動編』ぎょうせい，2008年，31-99頁．

51) 「S（地名）・私立高でいじめか『根性焼き』20回以上」朝日新聞，2012年8月7日，朝刊，社会面，34頁．
52) 「S（地名）・高2いじめ：腕の根性焼きもいじめ認定生徒に謝罪」毎日新聞，2012年9月18日，H（地名）版，朝刊，社会面，24頁．
53) 「S（地名）の私立高いじめ，元同級生2人を書類送検　回数多く『悪質』判断／M県」朝日新聞，2012年12月11日，M（地名）版，朝刊，地方面，25頁．
54) 教育基本法，第一条．
55) 未成年者喫煙禁止法
　　　第一条　満二十年ニ至ラサル者ハ煙草ヲ喫スルコトヲ得ス
　　　第二条　前条ニ違反シタル者アルトキハ行政ノ処分ヲ以テ喫煙ノ為ニ所持スル煙草及器具ヲ没収ス
56) 前掲書8，20頁．
57) 同上．
58) 山口　満「ホームルーム活動」，林　尚示編著『教職シリーズ5　特別活動』培風館，2012年，44頁．
59) 文部科学省『高等学校学習指導要領』東山書房，2009年，354頁．

60) 石川勝義・村山　豪「O（地名）・中2転落死：『いじめ自殺』賠償提訴　両親，市と加害生徒らに」毎日新聞，2012年2月24日，O（地名）版，夕刊，社会面，9頁．
61) 同上．
62) 大津市立中学校におけるいじめに関する第三者調査委員会「大津市立中学校いじめに関する第三者委員会調査報告書」，大津市，52-53頁，2013年．
http://www.komei.or.jp/km/otsu-sato-hiroshi/files/2013/02/130201_大津市立中学校いじめに関する第三者委員会調査報告書Ⅰ部.pdf（2013年12月23日確認）
63) 前掲書8，12頁．
64) 教育相談等に関する調査研究協力者会議「児童生徒の教育相談の充実について（報告）——生き生きとした子どもを育てる相談体制づくり——」，文部科学省，2009年，5頁．
65) 前掲60．

注釈／参照文献一覧

66）　同上。
67）　同上。
68）　前掲書36，22-32頁。
69）　文部科学省『中学校学習指導要領解説　特別活動編』ぎょうせい，2008年，35頁。

70）　「G（地名）・小6いじめ，学校側謝罪　自殺と関連認めず」朝日新聞，2010年11月9日，朝刊，社会面，39頁。
71）　「社説：小6自殺　少女の死が問うもの」毎日新聞，2010年10月29日，T（地名）版，朝刊，内政面，5頁。
72）　同上。
73）　前掲書15，151頁。
74）　同上，155頁。
75）　同上，159頁。

76）　「同級生ら，家裁送致へ　T川水死，『事故』一転『背中押し転落』」朝日新聞，2010年7月9日，朝刊，社会面，38頁。
77）　「T（地名）・T川の高校生2人水死：同級生2人，書類送致　過失致死の非行内容」毎日新聞，2010年7月9日，T（地名）版，夕刊，社会面，13頁。
78）　前掲76。
79）　前掲書8，20頁。
80）　平川毅彦「高校生の余暇・購買行動と中心市街地の課題——新潟青陵高等学校2年次生徒へのアンケート調査結果から——」，『新潟青陵学会誌』新潟青陵学会，2012年，23-28頁。
81）　文部科学省「水泳等の事故防止について」（15文科ス第109号），2002年，http://www.mext.go.jp/b_menu/hakusho/nc/t20030602001/t20030602001.html（2013年12月4日確認）
82）　同上。
83）　同上。
84）　文部科学省『高等学校学習指導要領解説　特別活動編』海文堂，2009年，27頁。
85）　同上，26頁。
86）　警察庁「平成23年中における水難の概況」（2012年6月21日発表），1頁。http://www.npa.go.jp/safetylife/chiiki28/h23_suinan.pdf（2013年5月28日確認）
87）　前掲書84，60頁。
88）　同上，58-59頁。

89）　「市教委。再調査明言せず　S（地名）中3自殺　学校では全校集会／S県」朝日新聞，2009年1月20日，S（地名）版，朝刊，地方面，25頁。
90）　「S（地名）・中3女子自殺：『何があったか知りたい』両親，学校側に調査求める／S（地名）」毎日新聞，2009年1月20日，S（地名）版，25頁。
91）　「S（地名）・中3女子自殺：いじめ。再調査でも不明——市教委／S（地名）」毎日新聞，2009年3月24日，S（地名）版，朝刊，25頁。
92）　前掲書8，12-13頁。
93）　前掲書69，31頁。
94）　同上，33頁。
95）　前掲書15，154頁。

96) 前掲書38, 88頁。

97) 「恐喝未遂：高3自殺, 容疑で同級生逮捕 メールで『金払え』—K（地名）」毎日新聞, 2007年9月18日, T（地名）版, 朝刊, 社会面, 26頁。
98) 「要求, エスカレート『仲良し』違った実態 高3いじめ自殺, 逮捕3人／F県」朝日新聞, 2007年9月26日, K（地名）版, 朝刊, 地方面, 24頁。
99) 前掲書8, 91頁。
100) 前掲書23, 228頁。
101) 文部科学省『高等学校学習指導要領』東山書房, 2009年, 353頁。
102) 同上, 354頁。
103) 前掲書38, 85頁。
104) 前掲書101, 354頁。
105) 前掲98。
106) 前掲書101, 354頁。

107) 川上敏文（F南支局）「記者の目：F（地名）・T町の中2男子いじめ自殺」毎日新聞, 2006年10月25日, T（地名）版, 朝刊, 解説面, 6頁。
108) 「『先生のからかい見て』同級生,『自分らも』追随 F（地名）・中2いじめ自殺【西部】」朝日新聞, 2006年10月21日, 朝刊, 社会面, 33頁。
109) 「元担任, 減給1カ月 中2いじめ自殺『予見できぬ』F県教委」朝日新聞, 2007年3月7日, 朝刊, 社会面, 38頁。
110) 文部科学省「福岡県筑前町における中学生の自殺事件について」, 2006年。http://www.mext.go.jp/a_menu/shotou/seitoshidou/06102402/004.htm（2013年6月18日確認）
111) 森 順二・森 美加『啓祐, 君を忘れない——いじめ自殺の根絶を求めて』大月書店, 2008年, 20頁。
112) 前掲110。1年次の担任教師が, 成績を「いちご」の品種に喩え, 当該学年・学級の生徒を, 1「あまおう」, 2「とよのか」, 3「ジャム」, 4「出荷もできないいちご」とランク付けをしていたことが明らかになっている。
113) 前掲書8, 68-69頁。
114) 前掲110。
115) 前掲107。
116) 前掲書8, 80頁。
117) 前掲107。
118) 前掲書36, 32頁。
119) 前掲書38, 82-83頁。

120) 「新教育の森：T（地名）・小6いじめ自殺『「キモイ」と言われつらくなった』と命絶った少女」毎日新聞, 2006年11月6日, T（地名）版, 朝刊, 解説面, 17頁。
121) 同上。
122) 「T（地名）いじめ自殺, 和解 教諭らの過失認定 S地裁／F（地名）」朝日新聞, 2010年3月27日, F（地名）版, 朝刊, 総合面, 34頁。
123) 「チクリ」とは, 針をチクリと刺すような刺激的な表現をさしたり, 密告することをさしたりする。小学校では「チクる」や「チクリ」は告げ口をすることや密告者の意味で使

注釈／参照文献一覧

われる。
124） 前掲書8，79頁。代表的な教育相談の形態と方法をまとめている。

125） 「Y（地名）市長『胸詰まった』M小『いじめ受けた』手紙／K（地名）」朝日新聞，2004年2月20日，K（地名）版，朝刊，地方面，1頁。
126） 「不登校：N（人名）市長様。いじめやめさせて——不登校の小3女児，手紙で訴え」毎日新聞，2004年2月19日，T（地名）版，夕刊，社会面，10頁。
127） 前掲書8。
128） 前掲書34，112頁。

129） 本章は，『東京学芸大学紀要』（2014年3月）に掲載した拙稿を活用した。
130） 前掲書1，39頁。
131） 前掲書111，43-44頁。
132） 服部伴文「児童生徒全体への指導」，前掲書8，88-93頁。
133） 3つの共通認識については，村木 晃が指摘している。村木 晃「個別の課題を抱える児童生徒への指導」，前掲書8，100頁。
134） 特別活動の視点からの検討に際しては次の図書を活用した。林 尚示編著『教職シリーズ5 特別活動』培風館，2012年。本間啓二・伊藤清一郎・林 尚示『新訂 教職研修特別活動の研究』アイオーエム，2010年。
135） 東京都の場合，「セーフティ教室」という名称で関係機関等と連携した非行防止・犯罪被害防止教室を実施している。煙草やインターネットについても指導内容となる。内閣府「少年非行事例等に関する調査研究」企画分析会議，「平成17年度少年非行事例等に関する調査研究報告書」，http://www8.cao.go.jp/youth/suisin/hikou/kenkyu/5-9.html（2013年8月5日確認）

参照文献

［1］有村久春編『教職研修総合特集（読本シリーズNo. 178）新編生徒指導読本』教育開発研究所，2007年。
［2］神田光啓「『いじめ』の研究情報の検討」，日本教育情報学会『教育情報研究』第10巻，第2号，1994年。
［3］教育相談等に関する調査研究協力者会議「児童生徒の教育相談の充実について（報告）——生き生きとした子どもを育てる相談体制づくり——」文部科学省，2009年。
［4］林 尚示・服部伴文・村木 晃『ワークシートで学ぶ生徒指導・進路指導の理論と方法』春風社，2013年。
［5］林 尚示編著『教職シリーズ5 特別活動』培風館，2012年。
［6］平川毅彦「高校生の余暇・購買行動と中心市街地の課題——新潟青陵高等学校2年次生徒へのアンケート調査結果から——」，『新潟青陵学会誌』新潟青陵学会，2012年。

［7］本間啓二・伊藤清一郎・林 尚示『新訂 教職研修特別活動の研究』アイオーエム，2010年。
［8］文部科学省初等中等教育局児童生徒課「平成23年度『児童生徒の問題行動等生徒指導上の諸問題に関する調査』について」，2012年。
［9］文部科学省『高等学校学習指導要領』東山書房，2009年。
［10］文部科学省『高等学校学習指導要領解説 特別活動編』海文堂，2009年。
［11］文部科学省『小学校学習指導要領』東京書籍，2008年。
［12］文部科学省『小学校学習指導要領解説 特別活動編』ぎょうせい，2008年。
［13］文部科学省『生徒指導提要』教育図書，2010年。
［14］文部科学省『中学校学習指導要領』東山書房，2008年。
［15］文部科学省『中学校学習指導要領解説 特別活動編』ぎょうせい，2008年。
［16］森 順二・森 美加『啓祐，君を忘れない──いじめ自殺の根絶を求めて』大月書店，2008年。
［17］吉田嘉高・坂賀雅彦「（判例による生徒指導の実証的研究）いじめ・自殺と教員の指導の理念──憲法をぬきにしていじめを考える風潮の矛盾──」，聖徳大学『聖徳大学研究紀要 人文学部』，第10号，1999年。
［18］吉田嘉高・坂賀雅彦「─判例を通じて─いじめ・自殺と実証主義生徒指導論の提唱── C.R. ロジィアズのダブル・ロール論に立ったカウンセリングマインドによる新生徒指導方法──」，聖徳大学『聖徳大学研究紀要 人文学部』，第9号，1998年。

その他，朝日新聞，毎日新聞，文部科学省等のホームページなどを活用した。

索　引

あ　行

アサーション・トレーニング　12, 54, 68
朝の会　18, 25, 64
アンケート調査　23, 62
安全基地　67
安全教育　58
安全指導　57, 58
安全な生活態度　59
安全マップ　60
いじめ（定義）　1
いじめ防止対策推進法　4
遺書　71, 77, 83
遺族　45, 77, 82
移動教室　75
異年齢集団　27
　──による交流　27, 66, 95
飲酒　39
インストラクション　53
運動会　28
SNS型　90
演劇鑑賞会　28
厭世　17
遠足　75
　──・集団宿泊的行事　28
お楽しみ会　52
思いやる心　48
音楽祭　75

か　行

外部機関　24
カウンセリング　47, 52

帰りの会　18, 25, 64
学習権利　22
学習班　64
学生自治会　41
各都道府県教育委員会　57
学年主任　24, 52
学級活動　18, 25, 35, 48, 79-80, 88
学級経営　18, 47, 67, 80, 86, 88
学級編成替え　65
学級編制等に関する規則　26
学級崩壊　7, 9, 10
学校行事　28, 35, 74, 84
学校経営計画　34
学校祭　75
学校生活　42
学校相談員　63
学校要覧　36
合唱祭　75
活動型　53
からかい　76
歓迎会　51
監視員　58
観衆　94
管理職　47
管理体制　83
危機管理　16, 57
聞き取り調査　23
危険回避　59
危険予測　59
儀式的行事　28, 60, 74
希死念慮　17
偽善者　77
喫煙　39
規範意識　70

キモイ　18, 82
キャリアプラン　49
給食指導　27, 52
給食集団　27
教育委員会　8, 23
教育学　9
教育活動　42
教育課程　26
教育機会　40
教育職員免許法　31
教育相談　24, 33, 46, 70, 78, 83
教育の放棄　40
恐喝型　90
恐喝未遂　70
強化法　66
共感（empathize）　54
共感的人間関係　67
教師　8, 77
共通理解　73
共同体意識　27
強要型　90
協力心　48
勤労生産・奉仕的行事　28, 60, 75
靴隠し　92
グループ・アプローチ　12
警察　8, 20
警察署　58
携帯電話　55, 63
系統的指導　84
軽度暴行型　90
けんか　1
健康　41
健康安全・体育的行事　28, 60, 74, 81
健康診断　43
講演会　43
公共の精神　42
攻撃　56
攻撃的（aggressive）　54
構成的グループ・エンカウンター　12, 53, 68
校長　8, 78
高等学校学習指導要領　11, 74

行動リハーサル　53
校内球技大会　67
校内研究　34
校内調査　23
好物ビンゴ　53
国際化　15
国立教育政策研究所　4
心の肩たたき　53
個人的適応指導　84
個人面談　18
コーチング法　66
子どもの暴力防止プログラム（CAP）　6
個別指導型　26, 94
個別相談　33
コミュニケーション能力　41
顧問教諭　24
孤立　53, 83
孤立状態　75
根性焼き　20, 91

さ　行

サポート　52
サポートチーム　4
参画　42
飼育栽培活動　28
シカゴ方式　25
市教育委員会　63, 82
始業式　75
自己指導能力　9
自己紹介サイト　63
自己中心的思考　10
自己表現力　48
事故防止措置　57
自己理解　26, 28
自殺のサイン　17, 71
自殺予防　16, 49
自主相談　83
自主退学　22
自主的，実践的な態度　42
思春期　27, 35, 65, 80
自尊感情　65

索　引

質問紙調査　26, 87
児童会活動・生徒会活動主任　95
児童生徒理解　11, 19
児童相談所　39
児童理解　14, 83, 88
司法行政機関　39
社会学　9
社会的賞賛　66
社会的問題解決スキル訓練　66
じゃんけん自己紹介　53
修学旅行　75
終業式　75
就業体験　43
重大事態　5
集団指導型　26, 94
集団づくり　84
集団による無視　1
重度暴行型　90
主張的（assertive）　54
受忍限度　13
巡回指導　58
小学校学習指導要領　11, 26, 36, 88
成就感　75
少年期　9
消防署　58
将来設計　49, 80
食習慣　27
所属感　27, 75, 84
所属感や連帯感　8, 28, 42, 75, 96
　　──の欠如　74
人権　78
　　──侵害　5, 16
新入生を迎える会　67
信用毀損　78
心理学　9
心理的負荷　13
進路設計　49
水難事故　55
スクールカウンセラー　4, 6, 8, 24, 34, 46, 52, 79
スクールソーシャルワーカー　6, 24, 79
ストレス　13, 54

ストレスチェック　13, 88
ストレスマネジメント　15
スローガン　74
生活習慣　27
生活態度　41
生活づくり　26
生活班　64
正義感　48
精神医学　9
精神疾患　13
生徒会活動　35, 73, 81
生徒会役員会　81
生徒会役員選挙　74
生徒指導計画　46
生徒指導主事　7, 24, 34, 64
生徒指導総合連携推進事業　36
生徒指導体制　46
生徒指導提要　11, 24
生徒指導の理念の啓発　93
生徒指導部　7
生徒集団　70
生徒総会　35, 81
生徒朝礼　67
生徒の救済　64
生徒評議会　81
生徒理解　79
青年期　41
生命の尊重　46, 81, 59
説明（explain）　54
全校集会　78
全校美化活動　75
選択（choose）　54
専門機関　24
早期対応　19, 47
早期発見　19, 47
ソーシャル・ネットワーキング・サービス　89
ソーシャルスキル・トレーニング　12, 53, 66, 68
卒業式　75
卒業生を送る会　67

た 行

体育学　9
退学　22, 40
第三者調査委員会　45
耐性育成　9
他者理解　26
他人に共感する心　48
たばこ　39, 96
短縮事例法　25
チェックリスト　14
チクチク言葉　52
チーム相談　47
チャンス相談　47, 83
中学校学習指導要領　11
中途退学率　22
懲戒　22, 78
町議会　32
使い走り　69
提案（specify）　54
定期相談　83
適応指導　47
適切性に欠ける対応　86
DESC（デスク）法　54
動画データ　55
東京都教職員研修センター　7
当事者意識　10, 83
道徳性指導　39, 52
盗難型　90

な 行

仲間媒介法　66
仲間外し型　90
仲間はずれ　1, 87
人間関係づくり　84
人間関係能力　12
人間関係の形成・確立　41, 95
人間尊重　59
ネットいじめ　24, 63
能力別学年編制　25
望ましい人間関係　12, 27, 35, 42, 48, 53, 72, 95

は 行

背景調査　23
バースディ・リング　53
ハートフルウィーク　35
ピア・サポート　12, 68
被害届　20, 38
非主張的（non-assertive）　54
誹謗中傷　13, 26, 27, 78
病気休職者　12
表現（express）　54
描写（describe）　54
フィードバック　53
部活動顧問教師　33, 36
副校長　8
福祉機関　20, 39
侮辱　78
物理的な攻撃　1
不適切な指導　7, 11
不適切な発言　78
不登校　18, 20, 48, 87
不登校児童生徒数　20
ブラインド・ウォーク　53
ブリー（bully）　2
ブログ　71
プロフ　63
プロレス技　19, 44
文化祭　75
文化的行事　28, 60, 74
弁論大会　43
傍観者　94
暴言型　90
暴行　39
暴力行為　39, 48
保健指導　39, 52
保健所　58
保護者との連携　18, 83
ホームルーム活動　18, 40, 58, 72

索 引

ま 行

町教育委員会　32, 35
未成年者　39
三つの共通認識　94
見守り　67
名誉毀損　78
持ち上がり　25
モデリング　53
問題解決的・治療的教育相談　79
文部科学省スポーツ・青少年局　57

や 行

野外活動　28, 75
やわらか言葉　52
養護教諭　8, 24, 34
余暇指導　56

欲求不満耐性の不足　10
呼び出し相談　47
予防型の生徒指導　93
4層構造　9

ら 行

リーダーシップ　34, 73
旅行・集団宿泊的行事　60, 74
臨時保護者会　32
臨床心理学　9
臨床心理士　45
レクリエーション　67
連帯感　75

わ

和解　82

著者略歴

林　尚示
（はやし　まさみ）

1999年　筑波大学大学院博士課程教育学研究科単位取得退学
　　　　山梨大学教育人間科学部講師着任
現　在　東京学芸大学教育学部総合教育科学系准教授
　　　　専攻　特別活動論, 生徒指導論, 教育方法学

主要著書

実践に活かす教育課程論・教育方法論
　　　　　　　　　　（共編著, 学事出版, 2002）
新訂 教職研修 特別活動の研究
　　　　　　　　　　（共著, アイオーエム, 2010）
教職シリーズ5　特別活動
　　　　　　　　　　（編著, 培風館, 2012）
ワークシートで学ぶ生徒指導・進路指導の理論と方法　　（共著, 春風社, 2013）
新・教職課程シリーズ 生徒指導・進路指導　　　　　　（編著, 一藝社, 2014）

Ⓒ　林　尚示　2014

2014年4月15日　初版発行

学校の「いじめ」への対応と
　　　その予防方法
「生徒指導」と「特別活動」の視点から

著　者　林　　尚　示
発行者　山　本　　格
発行所　株式会社　培　風　館
東京都千代田区九段南4-3-12・郵便番号 102-8260
電話(03)3262-5256(代表)・振替 00140-7-44725

東港出版印刷・牧 製本

PRINTED IN JAPAN

ISBN 978-4-563-05238-6 C3037